占い師が語る

20 本当にあった のスピリチュアル体験

藤森　緑
Midori FUJIMORI

はじめに

この本は、20年以上にわたる長い間、プロの占い師として活動してきた私が実際に経験してきたスピリチュアル体験、すなわち霊体験を、紹介させていただくものである。

そうした体験談は、世間に星の数ほど存在することだろう。その中には、単にその場を盛り上げるための作り話もあるだろうが、その多くは、実際に起こったことであると、執筆者が感じている話なのではないだろうか。「起こったことであると感じている」と表現するのは、こうした体験は本人の主観により認められることにより存在し、客観的には観察・証明できない内容が、大半であるためである。

1970年代に、ニューエイジ・ブームが訪れてから久しく、現在もスピリチュアル・ブームは、その勢いを衰えさせることがない。特にここ数年の間、インターネット上のブログでは、数えきれないほど多くのスピリチュアル・カウンセラー、スピリチュアル・リーダー、もしくは専業主婦などの一般の人達により、スピリチュアルな体験談が、数多く書き連ねられている。そうしたブロガーが、神様や守護霊など、目に見えない世界から受けたとされる人間へのメッセージを、ほぼ無償の形で読者に提供しているのである。そしてその数は、勢いを増して増加しているように思われる。

それらのブログに書かれた内容は、どれもが人間の真理を突き、納得させられるようなものばかりであると感じる。少なくとも私の見解では、ある程度人気のあるブログにおいては、「怪しい」と思わせるようなものは、少ないように感じられる。例えば、私利私欲のみが目的であったり、注目を集めるために嘘を連ねたりするようなものは、ないように思える。皆、真の幸せとは何かを伝えることに真剣であり、そうした心根の悪い人は、ほとんど見当たらないように思われるのだ。

書かれた内容が、本当にスピリチュアル能力を活かして得られたメッセージであるのかどうかを証明することは、難しい。しかし少なくとも、人間が正しく生きる上で必要である視点を、単なる我欲に囚われることなく、純粋な気持ちで読者に提供しているスタンスであるように思われるのである。

このように、神様や守護霊、天使などを含めた目に見えない世界に住まう存在からのメッセージを受け取ることができる人が、ここ数年で急増していると見受けられる。それは、何故なのだろうか。

こうした見えない世界に関する分野は、未だに大半の人達から異端扱いをされる分野であることに変わりがない。科学が発達することで、科学で証明できないスピリチュアルの世界は衰退する、と考えるのが自然である。しかし現実は逆であり、科学が発達した時代になるほど、こうした現象がより多くの人達によって認められ、表面化しつつあるように思われるのである。

私自身は、目に見える現実世界と、目に見えないスピリチュアルの世界の間にある壁が、時間の経過と共に、薄くなっているように思えてならない。もしかしたら、最終的には全ての人が、目に見えない世界の存在を、認識せざるを得ない状況が訪れるのかもしれない。

この本は、こうした社会的な目に見えない世界の傾向を考察するのではなく、あくまでも単純に、ブロガーがブログに書き留めているのと同様に、私自身の今までの霊的な体験談を書きとめ、本としてまとめたものである。

先に述べたように、こうしたスピリチュアル、いわゆる霊的な体験は、体験者の主観のみで認められるものであり、果たして「事実」であるのかどうかを、客観的に証明することはできない。そんな中で、敢えて伝えておきたいのは、この本にこれから記載する内容は、全て私自身が体験したと強く実感した、「私自身にとっての」事実のみである。嘘や脚色は一切入れていないことを、信じていただきたいと思う。

この本を執筆する目的には、第一に、自分の過去に経験した霊体験を、人生の一つの流れとして記録にとどめ、それを通して目に見えない世界やそうした経験の意味を、再考察したかったということがある。そして第二に、そうした体験への興味を持つ人達に、私の体験を知っていただくと同時に、見えない世界についての考察の機会を提供し、「そうしたこともあるのだな」という、新たな視点を持っていただきたいということがある。

目に見えない世界は確固たるかたちを持たず、人によって千差万別な感じ方や、体験談が存在する。しかし、様々な体験談を聞くことにより、その帰納法の結果として、目に見えない世界がどういった性質・メカニズムを持っているのかが、見えてくるのではないかと思っている。

それは、個人個人の幸せのあり方についても、答えを導き出してくれるだろう。「本当の幸せは、物質的なものには依拠しない」ということは、一般的にもよくいわれていることである。しかし、頭の中では理解していたとしても、肉体を持って俗世界に生きている以上、つい物質的な満足を求めてしまうのが、人間なのではないだろうか。

しかし、やはり目に見える世界が全てではない。ドロドロとした人間の欲望の向こうに、もっと別のかたちである、真の幸せが存在していることは確かである。それを実感するためには、目に見えない世界の深い部分にまで一度浸ってみることが、近道なのではないかと思っている。

何はともあれ、深く考えることなく、気軽に読み物的に読んでいただきたい。「目に見えない世界の中では、そんなこともあるのだな」と大まかにでも把握していただき、それによって、目に見えない世界の性質やメカニズムについて考察する機会を持っていただければ、執筆者としてはそれだけで幸いである。

2015年　節分の日に　藤森　緑

目次

contents

1 次第に高まっていったスピリチュアル能力

私は現在、いわゆるアラフィフという中年女性であり、20代前半からの約23年間、プロの占い師としての活動を休むことなく続けている。その中で、主に対面鑑定・電話鑑定をしていた時期は、はじめの約8年間であった。その後の約15年間は、主に占い原稿の執筆業に携わり、鑑定はその合間を見て行っている状態が続いている。

意外に思われるかもしれないが、人様を占うという鑑定がメインであったはじめの8年間は、霊感が発動するようなことは、ほとんどなかった。あくまでも占術本に書かれた内容や、実占鑑定の経験による知識によって、日々の鑑定を行っていたのである。それでも自分の占いは、過去・現在・未来において、的中率が高い方だと思っていたし、実際にリピートしていただくクライアントも、非常に多かった。常にほぼ八割方は、リピートの指名客であった。勤めていた占い館で一度だけ指名率のデータを取った際に、約40名以上の占い師が在籍する中で、指名率が2位になったという経験がある。

霊感が全くといってていいほど使えなかったこの頃、見えない世界とコミュニケーションを取る手段は、常にタロットカードを使うという方法であった。仕事から離れたプライベートの中でも、ほぼ毎日のようにタロットカードに質問を投げかけ、目に見えない世界からの的確なメッセージを得ようと、努力し続けていたのである。

霊感が発達し出したのは、むしろ対面鑑定を離れ、原稿執筆に力を入れるようになった後である。それも、パソコンを使って占い原稿を執筆するようになってから、一気に発達してきたと記憶している。特に、インターネットの影響は大きい。

インターネットを使うようになると、「文字だけの世界」に触れることになる。電子文字だけで交流するという、今までにはなかった交際のかたちが生まれたのだ。インターネットが本格的に普及し出した2000年代は、まだ現在のようなブログやSNSは普及しておらず、個人が自分のサイトを立ち上げ、その中で思い思いのかたちで日記を書くスタイルであった。

インターネット上で様々な人達の日記を読んだとしても、そこでは人の表情や感情は隠されていて、本心に触れることが難しい。「この日記を書く人は、実際にはどのような人で、どのような考えを持っているのか」という強い好奇心が長く続いているうちに、「離れた人の感情を読む」という霊感が、次第に発達していったのであった。

私は、人前ではほとんど話さない子供だったこともあり、子供の頃から、「人からどう思われているのか」ということを、必要以上にネガティブに考える傾向があった。そのことも、そうした霊感が発達した要因であったといえるだろう。

インターネットの向こうにいる、離れた人の顔かたちは分からない。しかし興味のある特定の人のことを想像すると、その人の姿がおぼろげながら、頭の左斜め前に浮かぶのである。その時に、おぼろげに浮かぶ姿と同時に、そこから相手が持つ感情も伝わってくる。場合によっては、相手が私に対して抱えている強い気持ちが、はっきりとした言葉として、ポンと頭の中に飛び込んでくることもあった。

メールの文字から相手の感情を読み取ることは、はじめのうちは難しかった。しかし、こちらからメールを送った際に、それを受け取って読んだ人が、私が書いたメール文のどの箇所に対してどういった感情を持ったのか……ということは、分かることが多かった。

そうした能力は、相手とのコミュニケーションの対処法として、私にとってある程度は役立つものであった。例えば、相手が私の一文を誤解して、不快に思っていることが分かるとする。するとすかさずその内容について、フォローを入れるようなメールを送り、相手の機嫌を即座に直すことができたのである。

そのような「人の感情を読む霊感」は、２００６年頃から急速に、爆発的に発達した。一時期コントロールが困難になり、部屋の中で苦しみ、動けなくなって外に出られなくなるほどの精神状態に陥った。

職業柄、周囲には霊感の強い人が数人は存在していた。そうした人達と意識がつながってしまい、なかなか切れなくなり、お互いに困惑するという事態が頻繁に生じたのである。

霊感が発達していない人を霊視しても、相手は自分が霊視されていることには気がつかない。しかし、霊感のある人を霊視する状態になると、相手はすぐに「○○さんが霊視により、こちらをうかがっている」と気がつくのである。

それが、まだ霊感の扱いに慣れていない私の不安を拡大させた。「霊感のある相手を、意識してはいけない」という禁忌心は、更にそのことを恐怖心と共に意識させ、余計に相手を強く意識することとなった。この頃は、霊感をコントロールすることが全くできず、誰かのことを強く考えるだけで、その人と簡単に意識がつながってしまう傾向があった。それだけ、脳が開いているような状態だったのである。

そのために、この頃は霊感のある知り合い達に、酷く迷惑をかけてしまったと思う。恐怖を抱えている私が、特に用事もないのに頻繁に相手の頭の中に浮かぶのであるから、「一体何だろう」と思ったことだろう。「人に迷惑をかけてはいけない」という意識が拍車をかけ、そうした状況の中で精神的に酷く苦しみ、私の中に、霊感がある人達への強い恐怖心を植えつけることとなった。

その頃に比べれば、現在はかなり意識をコントロールできるようになっている。しかし、この時の苦悩が後を引き、決して完全にコントロールできている訳ではない。困ったことに、霊感がある人達への不安や恐怖心は未だに克服されておらず、今でも霊感を持つ人達と親しくすることに対する、不安感や抵抗感がつきまとっている。

霊感の働き方は、人によって様々な形態が存在している。例えば、離れた場所の様子や、目に見えない存在の映像が、まるで目で見ているかのようにクリアに見える人もいるし、特に見えたり聞こえたりしなくても、ピンと何かがひらめいて、それが的中するという直感タイプの人もいる。また、目に見えない世界の存在や離れた場所にいる人間からの、声だけが聞こえるというタイプの人も、多いように思う。

私はまだ全く霊感のない幼少の頃から、霊の世界に強い恐怖心を持っていた。特に霊に関するリアルな映像を視覚することに、強い恐怖心があった。子供の頃は、将来自分に霊感が備わるとは全く想像していなかったが、その頃から強く、神様もしくは自分の守護霊様に、「決して幽霊の姿は見せないでください、お願いします」と、何度も強くお願いしていたのである。

そのため、私の霊感の中で、今現在も視覚的な能力は閉ざされている。見えない存在とのコミュニケーションは、常に会話をするかたちで、ある時は瞬時の直感を通して行われている。滅多にないが、匂いを感じたことも数回ある。霊的な世界をはっきりと視覚することに恐怖心があるのは現在も変わっておらず、リアリティな映像を見せていただくことは、一切カットしていただいている。そのため、様々な霊体験を重ねてはきたものの、強すぎる恐怖感を味わうことなく、何とかここまで進んでくることができたのである。

その代わり、こちらが理解するために映像が必要な際には、まるでアニメのようにデフォルメ化された映像を登場させてくれる。例えば、どこかにおじいさんの幽霊がいると仮定する。その幽霊を私が霊視した場合、そのおじいさんは「まんが日本昔ばなし」に登場するような、可愛らしいアニメのおじいさんの姿をしているのである。そのため、例え視覚的な能力が強くなかったとしても、そうした単純化された映像を通して、恐怖を感じることなく、大まかな状況を把握することができるのである。

2

遠隔での守護霊鑑定

2007年頃まで、私の仕事は多忙を極めていた。しかしリーマンショックが起こった2008年頃からは、仕事の量が次第に減り、暇な時間ができつつあった。そんな中で、時間を無駄にすることに抵抗を感じ、何か人のためになるようなことで、自分にできることはないかと思い、探していた。そこで見つかったのは、インターネット上での「自分の守護霊を教えてください」という依頼に、霊視の練習を兼ねて答えるという、ボランティア的な作業であった。

まだ自分は練習中の身であるということをインターネット上で示しながら、一日に2〜3人の依頼者の守護霊が、どういった存在であるのかを読み取った。ほんの数か月間であったが、それは私にとって、非常に有意義な訓練となった。

インターネットの依頼による守護霊鑑定の方法は、以下のような順番である。まず、インターネット上に書かれた依頼者の文字を、じっと見つめる。大抵の依頼文は非常に短く、ほんの数行しか書かれていない。すると自分の頭の左側の方に、依頼者らしき人物のイメージが、漠然と浮かんでくるのである。そのイメージは大抵、依頼者がパソコンに向かっている姿であった。それと同時に、家の中が雑然としているなど、漠然とした周囲のイメージも浮かび上がってくる。それを認識した後に、その依頼者の姿の背後に意識を向ける。「その背後には、何者かがいるはず」という前提で意識を向け、依頼者の背後のビジョンを探る。すると、次第にその「何者か」が、浮かび上がってくるのである。

前述したように、私は視覚的な霊的能力は抑えてもらっている。しかし、守護霊を確認するためには、視覚的な能力が必要である。そこで、依頼者の背後に浮かび上がってくる「何者か」は、常にデフォルメ化された、アニメのような存在であった。おじいさんである場合は、「まんが日本昔ばなし」の中に登場するような、可愛らしい姿で浮かぶということは、前述した。また、厳しい性格の女性が守護している場合、ディズニーの「白雪姫」に出てくるような、魔女の姿が浮かんだこともある。

そうした守護霊の姿が依頼者の背後に浮かぶと、その守護霊に、自分の念を通して声をかける。大抵は、「守護霊がどんな存在であるのかと、自分へのメッセージをお願いします」という依頼内容であった。そのため、「あなたが守護している相手に、何かメッセージをお願いします」と伝えるのである。大抵の守護霊は、突然横から声をかけられて、驚いていた。しかしどの守護霊も、いきなり声をかけてくる私に対して、寛大で親切であった。

しかし、この頃の私はまだ、守護霊が何かを語りかけてくれても、それを正確に聞き取ることが困難であった。そのため、「文字などの映像で教えていただくように、お願いします」と伝える。すると、親切な守護霊達は、何かのものを見せて、視覚的に伝えてくれるのである。それは、ある時は額縁であり、またある時は、海外の旗が連なったものであるなど、千差万別であった。

それが事実とリンクしているかどうかの確認を取るのも、練習中の私にとっては、重要な要素であった。

ある依頼者の女性の守護霊を鑑定した時に、優しそうなおじいさんが浮かび、いつものようにそのおじいさんに、「相手に何かメッセージをお願いします」と伝えた。すると、そのおじいさんは私に、正方形の額縁を見せてくれた。そのことを依頼者に伝えると、実際に最近祖父が亡くなり、祖母の家には祖父が大事にしていた正方形の額縁が飾ってあるのだという。ただ、私が分かるのはそこまでであり、果たしておじいさんが何故その額縁を見せてくれたのかという理由までは、読み取ることはできなかった。しかし、そうしたことで、亡くなった祖父が依頼者の近くにいるのだということは分かった。私が霊視をしたのと同じような額縁が、実際にも存在していたということは、決して気のせいであったり、当てずっぽうであったりするような霊視ではないという確信を持つことにつながったのである。

他に、お金に困っているという女性からの依頼の場合は、その女性の守護霊は私に、タンスの引き出しに詰まっている洋服を、指を指して示してくれた。私はそれを売れば良いということと判断し、依頼者にそのことを告げた。すると、「実際に着ていない洋服がタンスの中にたくさんあるので、それを売ることを検討します」という返答をいただいたのである。

また、ある男性からの依頼では、全身に西洋の甲冑を着た守護霊が現れた。それを依頼者に告げると、実際にその依頼者はそうした西洋文化に関心があり、本人自身も闘争心が強い性格であるということが分かった。

こうした数多くの事例を通して、私が視ている守護霊は、決して気のせいや単なる空想上のものではなく、実存している可能性が高い、という確信を強めていったのである。

守護霊の霊視鑑定を続けているうちに、守護霊の性質と守護されている人の性質が、極めて似通っていることも分かってきた。それは、守護霊の影響を受けているのか、もしくは本人の性質がそうした守護霊を呼び寄せているのかは分からない。

エネルギッシュな人には、それをサポートするために強い守護霊がつくというのは、よくいわれることである。エネルギッシュな人であるほど守護霊もパワーが強く、霊視による交流もスムーズである。

守護霊鑑定をしていて、一例だけなかなか守護霊を見つけることができず、霊視に時間を要したことがある。その依頼者は女性であったが、いつものように依頼者の背後を探ってみても、なかなかそれらしき存在を見つけ出すことができない。時間をかけて探しているうちに、依頼者の肩の上に、凍りついた小さな人形のような守護霊が、ほぼ首だけの形で乗っているのを探し出すことができた。どうやらその守護霊は、依頼者の肩にいながらも、日頃から全く活動していない状態だったようだ。依頼者に、そうした状況と共に、辛うじて小さな守護霊がいるということを伝えた。すると、「以前も、守護霊がいないと言われたことがあります」という返答が来た。私は彼女に、人生においてはっきりとした目標を持ち、何かを意欲的に頑張ることで、その凍りついたような守護霊の動きも活発化するだろうと告げた。詳しくは尋ねなかったが、その依頼者は、ただ何となく日々を送っていたのではないかと思われる。そのために、守護霊が活躍する場がなく、動きが鈍くなってしまっていたのである。

それ以外に、守護霊が依頼者のことを肩越しから、「もっと活動すればいいのに……」とため息まじりに思っている場合もあった。そのことを依頼者に伝えると、依頼者は実際に、不活発で怠惰な生活を送っているという。

こうした複数の事例からも分かるように、本人が何かで頑張ったり、表に出て何かしらの活動をしたりしなければ、守護霊は自分の力を発動することができないのである。そしてそれは、自分自身だけではなく、守護霊自身の成長や学びの機会をも奪っているのである。

私の話になるが、守護霊とは普段から比較的頻繁に会話を交わしている。ある夏の日、「近所だし誰とも会わないから、適当な格好でいいや」と思い、しわが入ったシャツで買い物に出かけたことがある。すると、外出先で守護霊からクレームが入ったのである。「あなたのその格好、よく見てみてください、ヨレヨレですよ！　ちゃんとした格好をしてもらわないと、守っている方が恥ずかしいのですよ」と、不満げに言われたのだ。守っている方が恥ずかしいというのは、目に見えない世界同士でも交流があり、「あの守護霊ってば、あんな格好の人を守っているよ」と、苦笑いでもされるのかもしれない。

守護霊は、基本的には守っている人の精神的な成長を促すために存在している。そしてそれは結果的に、本人の幸福につながっていく。

人間が精神的に成長するためには、慣れた状況の中で安穏とした生活を送るだけではなく、日頃から様々な経験を重ねることが必須である。守っている人が精神的に成長するということは、守護霊の成果にもつながり、結果的には守護霊の霊格を高めることにもつながるのだろう。それを思うと、例えある程度霊格の高い守護霊であっても、決して見返りのない奉仕の精神だけで、人を守っている訳ではないのかもしれない。そうすると、ここにも人間社会と同様に、ギブアンドテイクの関係が成り立っているといえるのである。

一人の人間が精神的に成長するということは、その人間が幸せになると同時に、その周りの人達への良い波及効果を生むことになる。精神的に成長することは、幸せを感じやすくなるということである。例えば、嫌な出来事があってもいつまでも気に病むことなく、すぐに気持ちを前向きに切り替えることができる。また、物事の良い面だけを重点的に見るようになったり、何事にも希望を持ち、イキイキとした気持ちで取り組めるようになったりする。そうした精神状態を保つことにより、周りの人達の長所を自然に褒めたり、温かい情を持って親切に振る舞うことができたりと、結果的には周囲にも、幸せを与えることができるようになるのである。

そうしたことを考えると、守護霊の日々の働きというのは、長く広い目で見ると、たった一人の人間の幸福だけにとどまらず、より多くの人達の、そしてひいては社会全体を向上させていくことにもつながる働きであるといっていいのだろう。

3 男性達からの霊的執着

望んでもいないのに、霊感が強い人と意識がつながってしまい、そのために両者が困惑してしまうことがあるということを前述した。私自身、守護霊や憑依霊などの目に見えない存在との交流を体感する以前には、そのように実際に生きている人と意識がつながってしまうことで、酷く苦しんでいた。無意味につながって相手に迷惑をかけることを、大変申し訳なく思うからである。

しかし、相手によっては私と意識がつながっていることに気がつくと、それを好意的に受け止め、積極的につながろうとする人達がいた。それらは全て、社会的に高い地位を持ち、現実的に負担の多い毎日を送っている男性であった。

そうした場合の多くは、はじめは私がその男性にほのかな好意を持っており、勝手にその男性の感情の動きを読み取り続けているうちに、相手が私が覗いていることに気がついてしまった……というパターンである。相手の男性には霊感はないだろうと安心しきって、時々感情の動きを読み取っていたのであるが、ふとした弾みで相手に気づかれてしまったのである。日々ハードな仕事をこなして社会的に活躍している男性達は、脳の働きも柔軟なようである。不可思議な現象であるにも関わらず、いぶかしがる様子もなく、彼らはすぐに、その奇妙な状態を受け入れたのである。

主に2人の男性であるが、気がつかれた後は、こちらが霊視による交流を拒否し続けているにも関わらず、どちらも数年単位で非常に濃い密度で、霊的につきまとわれた。多分、こうした奇妙な状況が、ロマンチックに感じられたのであろう。どちらの男性も、霊視を通して非常に強く愛情を示してきた。ちなみに、一人の男性との霊的交流が数年間続いて収束した後に、もう一人の男性が現れたため、2人の交流の時期はかぶっていない。

彼らはその深い愛情ゆえに、こちらの様子や心情を読む能力が日に日に高まっていき、ほぼ毎日のように、いわゆるテレパシーを通して話しかけてきた。私は嫌々ながらも、それに反応するかたちで会話を続けた。こちらが何をしていようが一切お構いなく、霊感を使って自分の好きな時に訪れてくる彼らとの交流を、拒否する方法は皆無であった。

しかし、彼らは一向に、メールや電話などを通しての現実的にコミュニケーションを取ろうとする気配は見られなかった。こちらから一通の葉書を出すなど、何かしらの連絡を入れてみても、それに対して無反応だったのである。仕事上でのプレッシャーが強く、現実生活に追われて疲れている彼らは、霊感を使って女性と会話をするというファンタジーの世界で、心を癒したいだけだったのではないかと推測している。

そうしたテレパシーを通しての交流は、彼らにとってはロマンスを感じる幻想的な出来事であったのかもしれない。しかし私にとっては精神的疲労を蓄積させただけの、意味のない出来事であった。

彼らとの交流により、多大なエネルギーをすり減らしたが、現実的な証拠は何一つ残っていない。その交流は現実であったのだろうと確信は持ちながらも、全ては気のせいであり、今では自分の中で全てなかったこととして、頭の中から切り捨てている。

やはり人間は、実際に言葉や対面を通してコミュニケーションをはかることが、非常に重要である。私は亡霊でもファンタジーでもない、肉体を持って現実世界を生きている、れっきとした一人の人間なのである。

4 知り合いが亡くなった場合

親近者の死の予兆を感じるのは、日頃から霊感を使っていない人にも、頻繁に生じる現象であるかもしれない。それだけ亡くなったばかりの人の霊の存在感の強さは、かなりのものなのである。私の体感では、亡くなった人は、はじめの一週間程度は強い意識を持ち、家族や知り合いの間を行き来しているように思われる。そして日が経つに従い、次第にその存在感は薄くなっていく。冥界へと近づいていくのだろうと思われる。葬儀後に最初に行われる供養を初七日というが、その七日という日数には、やはりそれなりの意味があるのだろう。

知り合いが亡くなったと知ると、私の場合は悲しみ以上に、ある種の気構えが生じる。特にまだ亡くなってから日が浅い場合、強く相手のことを考えてしまうと、相手が自分のところへ呼び寄せられてしまう可能性があるためである。これは、決して自分の知り合いだけの話ではない。例えばニュースで誰かが亡くなったことを知り、その人のことを強く考えてしまうと、その亡くなった人の霊との意識がつながってしまう。そして、例えお互いに全く面識がなかったとしても、相手の魂がこちらに引き寄せられてしまう可能性があるのである。特に事件や事故などで辛い亡くなり方をした場合は、要注意である。

そのため、誰かが亡くなったことを知っても、しばらくの間はその人のことを考えないように気をつけている。

亡くなった人のことを強く考えることにより、その霊魂を引き寄せてしまったとしても、呼び寄せた方がそのことに気がつかなければ、特に大きな問題はない。相手も、すぐにその場を離れて他のところへ行ってしまうだろう。しかし、呼び寄せた方が相手の霊魂が来ていることに気がついて、頭の中で相手に話しかけようものなら、それなりの覚悟が必要になる。亡くなった方の魂は、なかなかそこから離れなくなってしまう可能性が考えられる。霊体として浮遊している自分の存在を理解してくれる人は、全体的に非常に少ないためである。誰からも気がつかれないというのは、やはり寂しいものなのかもしれない。

しかし、亡くなった方が身内などごく身近な人物である場合、亡くなった後にコンタクトを取るということは、相手の意志を知るために、有効であるともいえるだろう。

私事になるが、最近、義母が亡くなった。義母は長いこと認知症を患い、施設で寝たきりの状態であった。

まだ義母が生存していたある夜、眠っている時に、私の周囲の気がざわざわとし始めた。何だろうと思っていると、義母の意識が訪れたのである。時計を見ると、3時半過ぎであった。義母は「やっと楽になった」と言っていたようで、その意識は、認知症に陥る前の、優しさを持った義母そのものであった。しかし、霊感がありながらも霊への恐怖心が拭えない私は、義母が亡くなったのかと動揺して、対応することができなかった。ひたすら眠ったふりをして、無視をし続けていた。しばらくしたら義母の気は消えたが、それからしばらくの間は、訃報の連絡が入るのではないかと緊張し、眠ることができなかった。

訃報の連絡が入ったのは、7時半頃であった。実際には7時過ぎに息を引き取ったという。義母は、私のところにそれ以前の時間に訪れていたため、あれは一瞬気のせいだったのではないかと考えた。しかし、亡くなる「直前」に、亡くなる人の意識が訪れるという、他の霊能者の記述を見つけ、決して間違ってはいなかったのだと思い直した。

葬儀を済ませた丁度一週間後の深夜に、また義母の意識が訪れた。こうした状況に慣れていない私は、再び動揺して緊張し、気がつかないふりをするしかなかった。すると私の守護霊が見かねて、義母の代弁をはかってくれたのである。「押し入れにある多くの手紙のことを、家族に伝えてくださいと言っています」とのことだった。

翌日、夫にそれを伝えると、確かに義母の家の押入れの中に、昔の義父からもらったラブレターの束がしまってあるという。勿論私は、それまでそのことを知る由もなかった。ああ、事実だったのかと分かり、それを処分しないで欲しいと夫に伝えたのだった。

人は、実際に亡くなるよりも前に、肉体から魂が離れることもあるらしい。亡くなった後は、特に相手が言葉を口に出したりしなくても、誰が自分に対してどういった感情を持っているのかということを、容易に読み取ることができる。今まで知ることのなかった過去の出来事、身内が隠していた物事の真相なども、全て簡単に知ることができるのである。既に魂は、現実世界ではなく、想念の世界を泳いでいるためである。

そうしたことから、もし故人に何か伝えたいことがあるのであれば、ただ強くその気持ちを念じ続けていれば、簡単に届くのである。わざわざお墓の前に行ったりしなくても、である。

また、死後の世界など存在しないと信じる人は、亡くなった後も自分の意識が残っているため、自分が死んだということを受け入れられないことが多いようだ。そのために、いつまでも冥界へ入ることができず、この世で未浄霊として存在し続けることになってしまう。自分の人生のノルマを放棄したとみなされる自殺者も、冥界に入ることができず、いつまでもこの世に滞在し続け、苦しみ続けることも、よく知られていることである。そうした人が少しでも減るように、死後も魂は残り、死後の世界である冥界はきちんと存在しているという事実があることを、社会に広め続けていく必要がある。

5 ペットの死について

ペットの死の経験については、自分が飼っていたセキセイインコの死に関する経験しか持っていない。

霊感がついてからのセキセイの死は、6回ほど経験してきた。全ての死について感じたことは、死んだ直後から既に魂は部屋を漂い始め、その意識のエネルギーは、死の直後が一番強いということである。

ある雄のセキセイは、長いこと病であまり動けない状態が続いていた。しかし死を看取った直後には、まるで自由になったことを喜んでいるかのように、その魂は元気に部屋の中を飛び回っていたのである。その意識は、生前の元気な頃の性格そのままであった。また、急に体調を崩して急死したある雌のセキセイの場合は、肉体から勢いよく飛び出した魂が、部屋の中を直線状に飛んで壁に当たって跳ね返り、また別の場所に飛んで跳ね返り……を繰り返し、最後は私の腕にハシッとしがみついたのである。私はそのセキセイの遺骸を手に持って泣いていたのであるが、それと同時に、「ああ、今私の腕にしがみついたな……」と、感じ取っていたのである。

動物病院での手術が失敗して、そのまま眠るように死んでしまったセキセイもいた。私は遺骸を早く引き取らなければ、セキセイの魂が部屋に戻って来られないのではないかと考え、すぐに動物病院に遺骸を取りに行った。その帰りの電車の中でも、ちゃんと魂も遺骸にくっついてきていますように……と祈っていた。そして部屋に連れて帰ってきたと同時に、そのセキセイがいつも遊んでいたカーテンレールの上に、その魂が「よっこらしょ」と登っている様子を感じ取った。遺骸と共に、無事に魂も部屋に戻ってきたことを実感したのである。

どのセキセイも、死んでから日が進むにつれて、部屋の中にあるその気配は、日に日に薄くなっていった。一週間後には、気配があるのかないのかほとんど分からない状態になった。

2014年の秋、ベランダで洗濯物を干して部屋に戻ろうと窓を開けた際に、1羽のセキセイがそこから外へ飛んで逃げてしまったことがある。慌てて外へ出て探し回ったが、かなり飛べるということもあり、既にその姿はどこにもなかった。急いでインターネットの迷子鳥の関連サイトに逃げたセキセイの情報を掲載し、近くの交番へ行って、警察にも正式に届け出をした。

数日経っても、なかなか良い情報は入らなかった。私はそのセキセイはどこかで保護されていると信じ込んでいて、毎日インターネット上での保護セキセイの情報をチェックしていた。逃げてから一週間後の、ある夕方のことである。そのセキセイの写真を額に入れて部屋に飾っているのであるが、そのセキセイの身体が、薄らと光っているように見えた。するとすぐに守護霊が私に、「今、近くにいますよ」と伝えてきたのだ。その日の朝に、逃げたセキセイは死んだという。人間に保護されてはいなかったのである。

そのセキセイが最後に見た景色も、浮かんできた。それは、高く茂っている緑色の草むらの中にそのセキセイがいて、上を見上げて眺めている景色である。青空が広がっていて、濃い青と緑色が、強く美しいコントラストをなしていた。それが、そのセキセイが見た最後の景色だったようである。

その時に私の近くに戻ってきているセキセイは、私の頭のすぐ近くに浮かんでいた。足を痛めている感じがあったが、気持ちは穏やかなようであった。私は本当に死んだのだということを実感し、魂が近くにいるのにも関わらず、悲しくておいおいと泣いた。そのセキセイの気配は、数日後には全く感じなくなっていた。

どのセキセイも、死んだ後にその魂を感じ取れるのは、最初の一週間程度だけであった。逃げたセキセイが死んだ時に、守護霊は、セキセイは人間とは別の冥界へ旅立つため、もうその先は意識を追跡できないと私に伝えた。ペットにはペットの霊界が、存在しているのである。

生きている時は、一緒に生活していて頻繁に接している割に、セキセイが持っている本音というのは、なかなか読み取りが難しい。しかし死んだ後に、その死んだセキセイが生前に抱えていた本音が分かることが、多々あった。

例えば、病気で死んだ雄のセキセイは、二つ並んだ鳥籠の左側の方に住まわせていたが、実は自分が生まれ育った右側の鳥籠の方に、強い執着心を持っていることが分かった。死後にそのセキセイの魂が、じっと右の方の籠を執着心を抱えて見つめている様子が感じ取れたのである。また、窓の外に逃げていったセキセイは、普段からあまり感情を出さない子であったが、実はいつも私の姿を、愛情を込めた温かい気持ちで見つめていたことも分かった。そうした感情は、生前には読み取りにくいものであった。

何故死んだ後に、そうした生前では分からなかった感情が伝わってくるのかは、分からない。ただ、どの感情も、「ああ、そうだったんだ!」と目から鱗が落ちるような、思いもよらなかったものばかりであった。できれば生前にそうしたことが分かっていれば、それなりの対処ができたのに……と、心苦しく思う。

6 事件の行方不明者などの霊視

報道番組では、事故や事件に巻き込まれて、行方不明になる人のニュースが頻繁に報道される。その度に、その行方不明者についての正確な霊視ができれば、それは便利なものであるかもしれないとも思う。

しかし、もし霊視をして何かが視えたとしても、それが確固たる真実であると証明する手段は、ほとんど存在しない。中にはドラマに出てくるように、既に警察と提携し合っているような、凄腕の霊能者や超能力者が存在しているかもしれない。しかし、そうでなければ、「霊視でこうした状況が視えましたよ」と一般市民が警察に伝えたとしても、まともに取り合ってもらえないのが現実だろう。

過去に数回だけ、行方不明者を霊視したことがある。ある時、逃走して行方不明になっているという、犯人の霊視を行った。その犯人は、どこか水が流れている土管のようなところにいる映像が、にわかに浮かんできた。

その後、ニュースを見守っているうちに、その犯人が、小さな川が流れるトンネルの近くのような場所で捕まったとの報道があったのである。屋根はない場所であったが、捕まった川は日が当たらずに暗かったイメージがあったのを覚えている。霊視で一瞬浮かんだ場所のイメージと、ほぼ一致していた。

また、冬の寒い時期に、誘拐されたと見られる女児がどうなっているのかを霊視したこともある。すると、ストーブがあるような暖かそうな部屋の中で、一人で座って、もしくは寝転んで過ごしている女児の姿が浮かんできた。ああ、まだ生きているのだなと思った。そしてそれから数日後、実際にその女児は、犯人の男性宅で発見・保護されたのである。犯人は女児にお菓子や漫画を買い与えるなど、快適な状態で過ごさせていたようであった。

またある時に、海外の海でスキューバダイビング中に、日本の女性達が行方不明になった事故があった。その女性達がどうなっているのかが気になり、瞬時の霊視を行った。すると、3〜4人ほどの女性達がどこかの海に近い岩のような場所で、物凄く苦しみながら過ごしている様子が浮かんだのである。そこは暗くて非常に寒く、凄まじい状況であることがありありと伝わってきた。ほんの一瞬の霊視であるにも関わらず、私の心を重苦しくした。そうした様子が浮かんだとしても、その人達に何かしてあげられる訳ではないのだ。ただ、まだどこかで生きているのだなということだけは分かった。

実際には4人の女性が助かり、助かるまでの間、彼女達は海の近くの寒さが厳しい場所で、身を寄せ合って励ましながら過ごしていたという。保護された後の穏やかな会見の中で、そうした言葉で聞くだけでは実感が湧きにくいが、あの霊視の時の凄まじい感覚を思い出すと、本当に過酷な状況を乗り越えたのだなと、胸に迫る思いがする。

その他に、ある行方不明の女児を少し霊視した瞬間、その女児の苦しみを含めた恐ろしい感情が伝わってきて、恐怖を感じたことがある。危険を感じ、霊視を即刻中止した。その女児は、既に殺害されていたのである。

それを機に、私は下手に行方不明者の霊視をすることはやめようと決めた。霊視をする相手が生きている場合は問題ないが、もし既に亡くなっている場合に霊視をすると、その肉体から離れた霊魂に気づかれ、こちらに来てしまう可能性がある。その場合に対処する心構えを作ることが、今の私では、まだまだ難しいのである。

しかし、私程度のレベルの霊感であっても、生存しているか否か程度の判断は下すことは、比較的簡単にできる。そうした意味で、有能な霊能者によっての霊視であれば、行方不明者の捜索に役立ち、有意義なのではないかと思われる。

7

手から金粉が出る話

私にはかなり以前から、スピリチュアル的な物事で実現するといいなと思う二つのことがあった。一つは、写真で「オーブ」と呼ばれる球体を撮影することであり、もう一つは「身体から金粉が出ること」であった。

オーブの撮影については、オーブは霊的に質が良いものばかりではないということが分かったので、現在は望んでいない。そして身体から、特に手から金粉が出るということに関しては、既にその希望を叶えている。

最初に手と腕から金粉が出ていることに気づいたのは、前述した生きている男性からの霊的執着を受けて苦しんでいる頃、一人で薄暗いカフェで過ごしている時に起こった。カフェに移動していても、男性は想念を通してしつこく話しかけてきていた。今にして思えば、その時に相手は、強力な低級霊に憑依されている状態だったと思う。頻繁に霊視を行っていると、そうした現象も生じるのである。

カフェの中で、その男性からの念に苦しみを感じている時、ふと自分の右腕の手首あたりが、キラキラと光っていることに気づいた。それは、手の甲にまで及んでいた。この時初めて、自分の身体から金粉が出ていることに気づいたのである。「守られているのだ」と感じ、涙が出た。感動的な瞬間であった。

それから、霊的な現象で苦しんでいる時であっても、そうではない時であっても関係なく、両てのひらや甲から金粉が出るという現象は、頻繁に生じるようになった。インターネットで検索をすると、そうした現象は珍しいものではないらしい。そして、手から金粉が出た体験を持つのは、スピリチュアルの世界に関心の高い女性が多いようである。

特に、何かに憑依されているなど身体が重い時に、金粉は多く出る傾向があった。精神的にも肉体的にもしんどい時でも、その手から吹き出している金粉を眺める度に、私は「守られているのだ」と感じ、安心感を覚えることができた。

面白いことに、この手から出る金粉は、じっくりと向き合って話している相手にも、空気を通して感染する性質があった。特に女性と2人で数時間単位の長い時間、あれこれと語り合っているうちに、相手にも移るようであった。

まず、話している相手の顔の一部に、金粉がついているのを発見する。女性ははじめから目の周りなどが化粧品で光っている場合が多いが、話し始めた時には光っていなかった部分が、途中から光り出したことに気がつくのである。それを見て、「ああ、金粉が移ったな」と思う。そして自分の両手を見ると、まず確実に金粉が吹き出している。そして相手に、「ちょっと両てのひらを見てみてくれない？　金粉が出ているんじゃないかな」と伝える。相手が両てのひらを見ると、やはり金粉が多数出ていて、キラキラと光っているのである。

それを見ると、相手は非常に喜ぶことが多い。やはり輝く金粉は、福のイメージが強いのだろう。実際に、高次の存在が守ってくれているという証であると考えている。

しかし、金粉が出ているからといって、決して宝くじが当たるというような、棚ボタ的なラッキーがある訳ではない。その後に、金粉が移った相手に驚くようなラッキーが降り注いだ……という話も、特に聞いていない。ただ、決して悪いものではない、と言うことしかできないのである。

今まで金粉が移ったのはほとんどが女性で、男性には移ったとしても、ほんのわずかの量だった。女性の方が、周りに流れる気の影響を受けやすいのかもしれない。トイレへ行くなどして手を洗うと、その金粉は全て流れ落ちてしまう。

金粉が出始めたのは、２０１２年からであるが、それから約3年後の現在でも、数日に一度の割合で、金粉がてのひらから出ているのを確認している。それを確認する度に、高次の存在から守られていることを実感できて、幸福な気分を味わう。後述するが、現在の私はある霊的な役割を担っているため、身体に重さを感じる時が多い。キラキラした金粉の輝きが、その重さへの不安を払拭してくれるのである。

8 初めて憑依された話

ここから、本格的な私の霊的修行がスタートする。２０１２年7月25日のことであった。

前述した、私に霊的に執着していた生きている男性に、強い憑依霊がいると気づいた時のことである。何故それに気づいたかというと、霊視をして語りかけてくるその男性の方に、金粉が出ているてのひらを向けると、彼は「お前、うざいよ」と言って嫌がったためだ。金粉が出ている手からは、高次のパワーが出ているはずだからである。

私は彼に「何か憑いているかもしれないから、浄化する」と念を通して伝え、右手の人差し指と親指を出し、空中に力を籠めて、縦、横、縦、横……と9回短い線を引き、簡易的な九字を切った。そして手からパワーを出すようにして、その男性が浮かんでいる方向に、両てのひらを向けた。

この除霊の方法は、苦し紛れに独自で考え出した方法であり、決して正しい方法ではない。九字のパワーは非常に強いため、簡単に切ってはいけないともいわれる。九字の切り方も、正式には「臨・兵・闘・者・皆・陳・列・在・前」と唱え、一文字につきそれ専用の手のかたちを組まなければならない。しかし、そうしたことは覚えていなかったし、性格的に、そうした律義さには欠けているのである。

しかし、九字を切って相手にてのひらを向けると、手から驚くほど大量の強いパワーが、男性に向かって放出されていくことを感じた。金粉が出ている手からは、良質のパワーが出ているはずである。手をそのまま相手に向けながら、私は彼に「気持ちいい?」と尋ねると、彼はうっとりしたように、「ああ……」と言う。「じゃあ、憑いている」と私は言った。

その時、窓を閉めているにも関わらず、私の足元に向かって風が吹いてきた。何だろう……と思っていると、荒々しさのある別の男性の声で、「お前、これで俺を退治できたと思うなよ」とはっきりと聞こえ、私の左肩が、ずんと重くなったのである。彼に憑いていた強力な霊が、除霊をされたと同時にこちらに移動して来て、私に取り憑いたのだということが、すぐに分かった。

その憑依霊の影響で、生きているその男性は、ここ最近私に対して、霊視を通して暴力的な発言を繰り返すような荒々しい状態であった。そのために、私は精神的にかなり苦しんでいたのである。しかし除霊が終わった今、その男性はまるで夢から醒めたような、ポカンとした状態でいるのが分かった。憑依霊がいなくなったことにより、我に返ったのである。そして彼は、今まで荒々しい態度を取ってきたことを謝ってきた。

これだけ肩が重く、何かが憑いているとはっきりと分かる状態になったのは、初めてであった。

すぐに取れるはず、とベランダに出て宇宙に向けてお願いしたりもしたが、それはそう簡単に離れるものではなかった。

その晩は、非常に怖い思いをした。電気を消して横になると、その霊の存在がはっきりと分かったのである。姿は見えないものの、その男性霊は私にはっきりとした口調で話しかけてきた。私は「俺は男だ」と強く何度も伝えてみたが、その男性霊は「お前は女だろう」とほくそ笑むような声で、何度も言ってきた。そんな中で、何とか眠りについたのである。

翌朝、除霊をしてもらうべく、早速通い慣れている千葉神社へ行って、お祓いを受けた。お祓いの終盤に、巫女さんにシャンシャンとたくさんの鈴がついた棒を振っていただくと、私の肩が軽くなっているのが分かった。神社のお祓いを通し、除霊が成功したのだ。取りあえずホッとして、都内の部屋に帰ってきた。

しかし……夕方にまたその男性霊の気配がして、再び肩が重くなった。何と、除霊から半日も経たないうちに、もう同じ霊が戻ってきてしまったのだ。再び恐怖と闘わなければならない状況に、突き落とされてしまった。

私はお祓い時に頂いたお札を持ち、その神社の神様に、この霊を連れて行ってくださいとお願いをした。すると、その神社の神様が現れ、その男を兎の姿に変えてしまった……というビジョンが浮かんだのである。そしてビジョンの中で、その神社の神様は、その兎をどこかへ持っていってしまった。同時に、肩も軽くなった。これでもう大丈夫……と安心したのもつかの間、結局、その霊は再び憑く状態へと戻ってしまった。強力な霊であるため、そう簡単に取り祓うことができず、またもや絶望感を味わうこととなった。

しかし、そうした状態の中でも、両手から金粉は出続けていた。それ以外に、不思議と神社で神様の声がよく聞こえるようになるという現象も起こった。すぐに、頻繁に通っている愛宕神社へも行ったのだが、その時に愛宕神社の神様に、この憑依霊を何とか外して欲しいとお願いをすると、「ここは浄化の場ではない」と、はっきりとお声が聞こえたのである。その頃はまだそこまで、神様のお声をはっきりと聞いたことはなかった。

愛宕神社は、防火・防災、商売繁盛、縁結びのご利益がある神社である。神社ごとの役割があり、全ての神社が憑依霊の浄化をしてくれる訳ではないのだと分かった。

また、詳細な説明は後述するが、応援している球団のホームグラウンドを守護している女神様とも、この時からはっきりと会話を交わせるようになった。それまでは、女神様の存在は分かっていたものの、具体的な内容の言葉を交わすということがなかったのである。

それからは、その強力な男性霊への不安と葛藤が続く日々となる。立て続けに複数の神社へ行ってお祓いをしてもらったが、全く効果は得られなかった。昼間の明るく活動をしている時は、あまり憑依霊を意識することはなく、何とか普通に生活を送っていたが、夜眠る時なるとその存在を強く意識する状態となったため、数日間は電気をつけっ放しで眠った。また、厚い布団をかぶると霊からの悪い影響が軽くなり、気にならなくなることが分かったため、冷房を強めにかけ、真夏なのに厚い羽毛布団をかぶって眠った。足だけ出して眠っていたら、その足を攻撃され、ふくらはぎがかなり痛くなったことがある。病院へ行ったら単なるこむら返りで次第に治ると言われ、実際に大事には至らなかった。しかし、こうしたかたちで肉体的にも悪い影響を受け、精神的には常に恐怖心を抱えている状態であった。

それからしばらくの間、その男性霊の存在は、強くなったり弱くなったりしていた。その間に、精神的葛藤を抱えながらも、その男性霊と、色々な会話を交わした。

堂々とした性格を持つ、豪快でユニークな人柄であった。「かたじけない」と言うなど言葉遣いに若干古さが見られ、どうも300年ほど前に生存していた人物であることが分かってきた。神社へ行く度に、浄化をして冥界へ行くように説得したが、そうすると彼は否定をするでもなく、いつも黙って無視していた。どうやら、冥界へ行かなければならないことは、理解していたようであった。しかし、長くこの世にとどまり人への憑依を楽しみ続けていたため、冥界に入ることにためらいの気持ちを抱えていたのだろう。この男性霊は浄化できないのではなく、自ら浄化しない道を選んでいるように思えた。

この男性霊に憑依されている間、時々私のお腹がまるでスッと刃物が通るかのように、一瞬痛むことがあった。この痛みは何だろう……と思っていると、それを読み取った男性霊が、「自分が刃物で自決した時の痛みだ」と教えてくれた。その時の痛みが、私にも伝わってくるというのである。自殺だと冥界に入ることは困難であるため、もしかしたらずっとこのまま憑依され続けるのでは……と、一瞬不安を感じた。それを察したかのように、男性霊は「自分の意志じゃない」と言った。私はそれを聞いて安心し、「じゃあ大丈夫、浄化できる」と伝えた。戦争や合戦などによる強制的、もしくは義務的な自決は、自殺の範疇には入らず、自然死と同様のかたちで浄化できるためである。


その後、再び千葉神社へ行き、以前の倍の金額を出して除霊をしてもらったが、結局もう、瞬時も祓うことができなかった。しかし、その時に頂いた厚くて大きなお札を袋から出すと、憑依しているその男性霊は、強い電流が走るような戦慄を感じたようだ。そのパワーの強さに、驚愕したのである。これはいい……と思い、そのお札を、部屋の高い位置に飾った。

そうすると、その霊はその部屋にいることが、苦しくなったようである。それまでも除霊やお札、パワーストーンを通して自分を苦しませようとする私に不満を持ち、男性霊はその不満を私にぶつけて、わざと私のお腹を痛くしようとするなど、攻撃的になった。険悪な緊張状態が続いた時、私は「離れていって」と念じ、お札に向かって手を合わせた。すると、男性霊は落ち込みふてくされて、スッと部屋から消滅した。

やっと離れた！　苦しみから、ようやく解放されたのだ……と感激したのもつかの間、10分と経たないうちに室内の空気がおかしくなり、何とまた別の男性霊が現れて、私に憑依したのである。再び肩が重くなったが、その前の男性霊の時よりも軽かった。その新たな男性霊は、私の身体があくのを待っていたのだ。以前の霊と同様に、人間への憑依を楽しんでいる男性霊のようであったが、以前の強力な霊よりも、かなり新しい霊だと感じた。その霊は性的なことを目的として、女性を求めていたようであった。そのため、私は自分の年齢を伝えると、若くないので幻滅したようである。そして私が離れるように説得し、お札に向かって祈ると、自分からすぐに離れて消えていった。

いつの間にか、私の周りにはたくさんの霊が寄ってきていて、何故か憑依の順番待ちの状態になっていたようであった。また10分も経たないうちに、次の霊が入ってきたのである。こうして次々と憑依されることになるのだが、この話はまた後述したい。

次々と他の霊に憑依されている間に、私は自分自身の力で霊を浄化し、冥界へ送ることができることに気がついた。人間から憑依霊を離すという「除霊」ではなく、霊が本来あるべき道へ戻れるという「浄霊」ができるのである。これは憑依に苦しむ私にとって、大変有難いことであった。

今自分に憑依している霊に意識を向け、お札の前で両手を合わせて目を閉じ、祈る。すると、私の脳の左側に、ある冥界の様子が浮かぶのである。その冥界とは、その憑依している霊が帰るべき冥界の場所であった。憑依霊によって浮かぶ情景は違ったが、その光景の全てが、美しい大自然の光景であった。

時には、草に囲まれたキラキラと輝きながら流れる小川の光景であり、時には、真っ青な海にそびえ立った急峻な崖であり、ある時は、細い道が続く夕陽が明るく輝く草原であった。

その光景を見せると、憑依霊達はすぐに、それが自分自身が浄化される道であることに気がつくようであった。それまで狂暴な気を放っていた霊も、「まっとうな道に進むことができる」と分かると、大人しくなった。そうした光景を脳の左側にずっと浮かべつつ、私が憑依霊に「そちらへ向かいなさい、浄化してまた人間として生まれ変わってきてください」と伝えると、大抵の霊は突然の出来事に、ためらいを覚えるようであった。そちらへ行くことが自分にとって最善であると分かりながらも、困惑するようである。しかし、心を込めての説得を何度も何度も繰り返すうちに、結果的には全ての霊は、意を決したようにそちらへと引き込まれ、私の身体から離れていった。脳の左側のその光景の方に、ググーッと憑依している重い気が引き込まれていき、左側へスーッと糸を引くように消えるのである。

一体が吸い込まれて浄霊され、肩が軽くなる度に安堵を覚えたが、それもつかの間である。浄霊ができるとなると、ますます憑依の順番待ちは増えた。またすぐに次が取り憑くため、身体があくということがほとんどなかった。そして、次に憑依する霊が重く狂暴な霊であったら困るという恐怖心も、毎度毎度、かなり強く抱えていた。

こうした自分の身体を通して冥界へ霊を送れるという浄霊能力は、どうも、かなり特殊な才能のようである。大抵の霊能者は、霊を身体から離すだけの除霊はできても、浄霊をすることが非常に難しいという話を時々耳にするためである。また、浄霊ができたとしても、自分の身体を通す方法を使う人は、あまりいないのではないだろうか。

ここで話をまた、最初に憑依された３００年ほど前の強力な男性霊に戻す。強力なお札を部屋に飾ったことにより、ふてくされた男性霊は一度私から離れていった。しかし、他の霊の浄霊を終えて身体があいた瞬間、その男性霊は再び戻ってきた。「み・ど・り・ちゃ～ん」と聞こえたその声は、まさしくあの豪快な性質を持つ男性霊だったのである。それまでの中でも一番重い霊であり、もう二度と関わりたくないと思っていたので、私は再び恐怖と絶望に突き落とされてしまった。

しかしその後は、その間にも複数の霊と関わっていたこともあり、その男性霊は常に私の近くにいながらも、それほど強い存在感を放っていなかったように記憶している。

その豪快な古い男性霊については、様々なエピソードがある。

仕事である女性担当者と電話で会話していた時、私は仕事内容について、電話で少し激昂してしまった。そして電話を切って、怒りを抱えてその女性担当者のことを考えていた。するとその男性霊は、その女性担当者に興味を持ったようであった。「誰?」などと尋ねるので、私は「〇〇さん」と答えた。すると男性霊は、私のその女性に向かって放たれている怒りの思念に乗って、その女性担当者の方へとスーッと飛んでいったのである。私の肩は軽くなり、男性霊がいなくなったことが分かった……と思うとすぐに戻ってきて、彼は私に「ブスじゃねえか!」と、不満そうに言った。ちなみに私は、その女性の顔は知らないのである。

それでも再び、男性霊はその女性の方へと吸い込まれていき、ほぼ丸一日帰ってこなかった。私はもう帰ってこないで欲しいと願うと同時に、その女性担当者がどうなっているのかが心配だった。その男性霊は、かなり強力で重い霊であるためである。

翌日、その女性担当者にメールをしても返信がなく、翌々日になって、「昨日は体調を崩して休んでしまい、申し訳ありません」という内容の返信が届いた。心配になって電話をすると、「どうもバテてしまったみたいで……」と、笑いながら言った。丸一日、あの男性霊が彼女に悪さをしていたのだろう。「私のせいです」ともいえず、大変申し訳なく思った。しかし、たった一日で体調が軽くなって良かった。結局その男性霊は、また私のところへ戻ってきていたのである。霊を冥界へ送る浄霊の方法を身につけた私は、その男性霊を、何度も冥界に送ろうと試みた。しかし、男性霊はなかなかそちらへ行こうとはしなかった。

そんな折に、私は近くにある教会の聖堂に立ち入るようになっていた。教会の聖堂は、信者ではなくても出入りが自由であり、明るい時間帯は開放されている。時々、ほとんど人のいないその聖堂の中に入り、一人で祈りを捧げていた。ステンドグラスを通して差す明るく鮮やかな光が、私の心を癒した。しかしそれは、少しでも憑依している霊を外して軽くなりたいという、苦しみの中での行動であった。

その教会の浄化力は、物凄く強いと体感していた。特に天井の高い部分の浄化力というか、気の吸収力が強力であった。聖堂の中で両手を合わせて祈りを捧げていると、背中から悪い物がどんどん天井へと吸い上げられていく感覚があったのである。

それは、忘れもしない2012年8月15日、お盆の日である。私はその時もまだ自分に憑いているその強力な男性霊を、自分の意識を使って、教会の天井へと送り込んだ。その方法は単純であり、その教会の天井のことを思い出して強くイメージし、自分の脳と教会の天井への気をつなぐのである。すると、教会のその強い吸収力により、私に憑依している存在は、自動的にそちらへと吸い込まれていく。

しかしそれまでは、そうして男性霊を教会に送り込んでも、その教会の通路のようなものを通って、私のところへすぐに戻ってきてしまうという結果ばかりであった。そうしたことを数回繰り返していたが、全て失敗に終わっていたのである。

そのお盆の日も、その男性霊を教会に送ってみると、しばらくしてからいつものように、私の部屋へと戻ってきた。しかし今回は、いつもとは様子が違っていた。その男性霊は、「怖い！怖いよ～！」と叫びながらガクガクと震え、子供のように怯えきっていたのである。何故怯えていたのかは分からないが、確かにあの教会の天井が醸し出すムードは、恐ろしさすら感じる威圧感がある。

その直後に、再びその男性霊を、冥界へと送るように試みてみた。お札の前で両手を合わせ、脳の左側に、その男性が帰るべき冥界の故郷を思い浮かべる。

すると、その故郷の風景の中にある細い道に、侍の格好をした男性が登場した。そしてその侍は、私の方に向き直ると、深々と一礼をしたのである。そして、向こうへと歩き始めていった。私はその回路を閉じ、心の中で自分に向かって、「お盆です」とつぶやいてみた。心の中には、複雑さを伴う感動的な気持ちがあった。

あの男性霊は、ああいった格好をしていたのか。そして彼は長く人間界を浮遊していたが、ようやく浄化の道を選んだのである。憑依されていたのは約3週間程度の期間であったが、その間に散々苦しめられたユニークな男性霊から、ようやく解放されたのだ。私にとっては強く記憶に残る、感動的な瞬間であった。

9 次々と憑依された話

強力な侍の男性霊に翻弄されている間に、憑依霊を浄霊する方法を身につけたことは、前述した通りである。憑依している霊のことを思い浮かべながら、その霊が冥界に入る道を、脳の左側に浮かべる。正確にいえば、「自然と浮かんでくるように念じる」ということになる。その風景は全てが大自然であるが、その憑依霊によって現れる景色は、海であったり川であったりと違っている。

はじめは風景を左側に浮かべて説得することで、霊はそちらへとググーッと引き込まれ、冥界へと入っていった。その度に、私はようやく一人送ることができたと安堵した。

そうした浄霊方法を何度も繰り返しているうちに、次第にその浮かんでくる自然の風景の中に、人物が現れるようになった。その人物の大半は、どうやらその憑依霊の身内のようであった。女性が出てくる場合が多く、多くはその憑依霊の母親のようであった。

私が浮かべる霊的な人物のイメージは、私が恐怖を感じないようにと、アニメチックにデフォルメ化されている。また、既に冥界にいる人達は、若く美しい頃の自分の姿に戻っていることが多いようであった。そのため、冥界の中に浮かぶ母親の多くは、若くて美しい姿である。しかし、時には憑依霊の祖父や祖母が、お年寄りの姿で登場したりもした。

そうした自分が戻るべき冥界の中に身内が登場すると、憑依霊はそれが誰であるかが、すぐに分かるようであった。「あ、お母さんだ」などとつぶやく霊も存在した。

そして、人物が登場しない単なる風景だけの頃よりも、憑依霊がそちらに引き込まれるスピードが上昇した。それまでの多くの霊は、何度も何度も冥界の景色を見せて、私自身が「浄化して、また人間として生まれ変わりなさい」と熱心に説得することにより、ようやく決意をして、引き込まれていったのである。しかしそれが、身内が登場するということにより、わざわざ私自身が説得する手間が、あまりかからなくなったのである。

複数の憑依霊と会話を交わしたが、どの霊も普通の人間と変わらない性格を持つ、やはり普通の人間であった。

若くして亡くなった男性霊は、人間に憑依していたずらをすることで、気を紛らわせていたようであった。この頃はまだ、冥界の風景の中に人物は登場していなかったため、その若い男性霊に冥界を見せても、なかなかそちらへ進もうとしない。私は、「このまま何百年も漂っていても仕方がないよ、ちゃんとあの世へ行って一度きれいに浄化されて、また人間として生まれ変わりましょう」と伝えても、「人間として生きても、仕方がない……」と、寂しそうに嘆くだけだった。それでも私は「心から」相手の幸せを願い、涙を流して冥界へ行って欲しいと愛情を込めて伝え続けた。すると、ようやく若い霊は納得して決意し、自分から冥界へと吸い込まれていった。例え未浄霊であっても、誠意や愛情はしっかり伝わり、心に響くのである。その度に深い安堵感と感動を覚えたが、それと同時に、次はどういった霊が憑依してくるのかという恐怖が、常に襲った。

過去に憑いた霊で一番重かったのは、まだ新しい男性の自殺霊であった。どうやら練炭を使って自殺したらしい。その頃はまだ、浄霊方法を身につけていない頃だったが、私が憑依霊を離すために神社へ行っていることを知り、浄化を求めて取り憑いたようだった。それを汲み取り、翌日に神社でお祓いをしてもらおうと決めた。するとその霊はそれを察知し、「これで親父のところへ行ける！」と喜んだのである。私は、神社へ行ってもこの霊が冥界へ行けるのかが、非常に不安であった。

その霊は非常に重い霊であり、肩もずっしりと重く、まともに思考ができないほど、頭がグラグラとしていた。あまりにも重いので、何とか離れて欲しいと思い、自己流の九字を切って、両手で自分の両肩にパワーを送ってみた。するとその自殺霊はかなりの精神的ダメージを受けたらしく、どうしてそんなことをするのかと悲しげに怒り出し、ますます私の背中で暴れるだけで、状況は余計に酷くなってしまった。

気分転換をしようとその夜に本を持ち、一人でレストランへ行って食事をしていた。すると、その霊は気持ちが落ち着かなくなってきたようだ。「このまま憑いていても、何も変わらないのでは」と思ったのかもしれない。ジッとしていることに不安を感じて、動きたくなったようだ。私の頭を更に左右にグラグラとさせたあげく、ふっと私の肩と頭を離れ、どこかへと移動してしまった。すぐに戻ってくるかと思ったが、なかなか戻ってこない。

私はすっきりと軽くなった頭で安堵感を覚えながらも、「せっかく明日の朝、神社でお祓いをしようと思ったのに……」と思い、再び呼び寄せた方がいいのではないかと思った。しかし、この時私の守護霊が、「放っておいてください」と言うので、そのまま忘れることにした。そしてもう、二度と私のところへ戻ってくることはなかった。あの霊の「親父のところへ行ける」という言葉が、今も忘れられない。

他にも、個性的な憑依霊がいた。どうやら飢えて亡くなった霊らしく、非常に食欲が旺盛であった。私が料理をしていると、背後で気配がざわざわとし出す。何故か私の口の中に、多くの唾液が出てきたりもした。そして出来上がって食べようとすると、「やっと食べられる！」と言って喜ぶのである。

その飢餓霊が、どうやって料理を食べるのかというと、私の喉元あたりに憑き、私が口に入れて飲み込もうとする時に、それを一緒に味わうようなのだ。そのため、口の中に食べ物を入れると、すぐにそれを喉元へ引っ張り込もうとする。熱い物を食べてもすぐに奥へと引っ張り込むため、火傷をしそうになった。「熱い!」と言って怒ると、動揺して気配がドヨドヨとする。このように、噛んでいる時に引っ張り込もうとするので、何を食べても食べにくかった。

この飢餓霊には、他の霊とは違い、私の心の中の言葉や感情は伝わらないようであった。しかし、まるで肉体の耳がついているかのように、発声される普通の話し言葉の内容は、聞き取れるようであった。

この時に交際中だった現在の夫にだけは、日頃からこうした不思議体験の話をしていた。ある日の夫との外食中に、「最近、飢餓霊みたいなのが憑いていて、食べにくいんだよね~」などと話すと、それまで必死に私が食べる物を味わっていたその飢餓霊が、急に味わうことをやめ、「え……自分のことを話している」と言いたげに、不快感を示したのである。この時も、私の背中や首元の気は、ドヨドヨと複雑に揺れ動いた。「ああ、話さない方がいいのか……」と気がつき、話を変えた。しばらくすると、まるで何事もなかったかのように、その飢餓霊はまた私を通して、食事を必死に味わい始めた。

飢えて可哀想な亡くなり方をしたのだろうと思い、守護霊に「お供え物を置いた方がいいですか？」と尋ねると、「居座るので、やめてください」という返事をいただいた。その飢餓霊が憑いていたのは、トータル的には数週間程度であろうか、しばらく物が飲み込みにくい状態が続いていたが、気がつくと浄化されたのか、いつの間にかいなくなっていた。

両手を合わせて脳の左側に意識を向けて、憑依霊が帰るべき冥界を映し出し、何とか憑依霊を浄霊をしても、5分も経たないうちにすぐに次の霊が憑依してくる。「この人に憑けば、成仏できる」と知り、多くの霊体が私の周囲に集まっている状態が続いていた。一体これがいつまで続くのか、永遠とこんなことを繰り返さなければならないのか？　と、絶望的な気持ちを味わっていた。

時間が経つに従い、そうした状況は次第に酷くなっていった。霊体が手っ取り早く身体に入り込む手段として、人間の口や鼻の穴などから入り込む方法がある。部屋にいると、口からポコポコと何かの気体が入ってくるようになったのである。怖くなって換気のために窓を開けると、またそこから次々と、霊体が部屋に入ってくるのが分かった。そして多くの霊体が、必死になって私に取り憑こうとしている様子や感情も分かった。一体、私はこれからどうなってしまうのか……こんなこととは、一切関わりたくないのに。口から体内に入っている霊体を吐き出そうとしたが、無駄な努力であった。

そうやって日々憑依の恐怖と戦っているうちに、気がつけば部屋の中には神社からいただいたお札があちこちにいくつも並ぶようになり、私の両腕には、厄除けとしての水晶やオニキスのブレスレットが幾重にもなってつけられるようになっていた。それは、傍から客観的に見れば、尋常ではない光景だっただろう。それだけ日々憑依を恐れ、何とかしてこの状況から逃れなければと、必死になっていたのである。

常に多くの霊体が取り憑く状態になったため、一日に数回は、両手を合わせて目を閉じ、脳の左側に冥界のイメージを浮かべ、霊体をあの世に送る作業をしなければならなかった。

ある日、浮かぶ冥界のイメージが、いつもと違っていることに気がついた。大きな太陽が輝いていたのである。それは冥界の中の太陽であり、明るく輝いていてパワーは強いが、熱はないようであった。私はその太陽が持つパワーが、霊魂を浄化するのだろうと感じた。その太陽は、時には夕陽のように大きく濃いオレンジであり、周囲の空もオレンジ色に染まっていた。そしてある時には、真昼に天頂を通る太陽のように、白く輝く光の矢を幾重にも放っていた。

すると、その太陽に向かって多くの黒い人のような点、すなわち多くの死者の魂が飛んでいく様子が浮かんだ。それと同時に、地面にも、太陽に向かって歩いていく黒い点の人達がいることに気がついた。それまでは、一つ一つの魂を浄化するという地道な作業を繰り返していたのであるが、その冥界の太陽を思い浮かべることにより、短時間で一気に多くの霊魂を浄化できるということに気づいたのである。

私の身体は常に多くの霊体が入り込んで、重い状態であった。そのため時々両手を合わせて冥界の太陽を脳の左側に思い浮かべ、体内に入った霊を一気に浄化することを繰り返した。一体自分がどれだけの数の霊体を冥界に送っているのだろうか……その数は全く数えることができない。しかし、かなりの数の未浄霊を、浄化しているだろうと思った。それがもし本当であれば、素晴らしいことなのだろう。しかし、こんなことを誰かに話せば頭がおかしいと思われるだけであるし、本当に素晴らしいことをしているのか、客観的に把握することが困難であった。何よりも、自分自身がそうしたことを行っているということが、ダークな世界に存在するような人間に思えてしまい、肯定的に受け入れることができなかった。

しかし、自分が受け入れようが受け入れまいが、その状態は容赦なくエンドレスで続くのである。常に体調は重かったし、常に忙しくしている私にとって、一日に何度も手を合わせて浄霊をしなければならないのは、精神的にも苦痛であった。しかし、霊体は次から次へと大量に体内に入ってくる。私は一生一時も休むことなく、この浄霊の作業を続けなければならないのだろうか……と思うと、暗澹たる気持ちになった。

10 新たな守護者の登場

多分、２０１２年10月から11月前後が、身体の重さのピークであり、この頃の日記には毎日のように、「身体が重くてしんどい」と書かれている。そうした中でも、仕事にボランティアに友人との食事に家事にと、決して寝込んだりダラダラしたりするようなことなく、日々頑張って生活を送っていた。

その日も、重い身体を引きずるようにパソコンを持ってカフェへ行き、仕事をしていたが、いつもよりも体調が悪くなってきた。この頃、私は身を守るために、両腕に約４本ずつの水晶・オニキスなどの天然石のブレスレットをつけていた。入浴中も含めてひと時も外すことなく、つけ続けていたのである。

重い身体にしんどさを感じながら、ふと、このブレスレットをセーターの長袖の中に隠してみたら、どうなるだろう……と思った。そして、今までは見えるようにむき出しにしていた全てのブレスレットを、すっぽりと袖の中に隠してみた。すると、それまでパンパンに重く張っていた肩が、すっと軽くなった気がしたのである。

これは……と思い、ブレスレットを袖の中に隠したまま、部屋に帰ってきた。数か月間ずっとブレスレットをつけ続けているのであるが、ふと「もしかしたら、このたくさんのブレスレットが、身体が重く感じられる原因なのでは……?」と思ったことが、数回あったのだ。しかし憑依の恐怖から、取り外してみることができないでいた。

思い切って、一度ブレスレットを外してみることにした。全て外すのは怖かったので、透明の水晶のブレスレット1本だけを残して、他を全部外してみた。すると守護霊が、「全部外してください」と伝えてきたので、勇気を出して、残りの1本も外した。

すると、確実に身体が軽くなったことを実感できた。今まで腕や肩にとどまっていた重い気が、スーッと下の方に流れ出ていくような感覚があったのである。どうやら、自分を守るためにつけていたたくさんのブレスレットが、結果的に、自分の身体の中に悪い気を封じ込めてしまっていたようであった。

その夜、不思議なことが起こった。そのまま部屋で過ごしていたら、新しい守護者が現れたのである。

私が両手を合わせて祈っている時、一面の星空のビジョンが現れた。そして私の頭上の高い位置に、今まで見たことのない神様が現れたのである。そのままずっと祈っていると、その神様は、私の身体を浄化し始めたようであった。
まずは私の胴体に沿って、身体の一か所から右回りに、ジリッ、ジリッと少しずつ少しずつ、気が回っていくのが分かった。そして胴体を一周すると、今度はその気の流れは、下から上へと同じペースで進んでいった。まるでCTスキャンをする時のように、輪切りの状態で、下から上へとエネルギーが少しずつ上昇していったのである。そしてそのエネルギーは、頭上へと抜けていった。私は、これで神様が全身を浄化してくれたのだろうと思った。

その守護者は、「自分の姿を、よくご覧なさい」と私に伝えた。私は目を閉じていたのだが、自分が祈っているという、まさ

に今現在の自分の姿が思い浮かんだ。そして、その自分の身体には、それほど強さはないものの、輝く白いオーラが存在し、全身を覆っていたのである。その守護者は、「あなたは守られている」と伝えたいようであった。

そして、その守護者が「お前は、自分の好きなことをしていなさい」と伝えた。どういうことだろう……と思っていると、私の背中で、それまで滞って溜まっていた気が流れ出すのが分かった。それまでは、私の背中や肩の上にずっと乗っかり、停滞していた重い気であったが、身体の右から左へと自動的に流れ出したのである。左というのは、いつも冥界を思い浮かべる方向である。背中で流れている気は、自動的に浄化される方向へと流れているのだ。体内で気が滞ることがなくなり、私の身体は楽になった。

それまでは、いちいち自分自身で両手を合わせて集中し、冥界を思い浮かべて浄霊をしなければならなかった。しかしこの段階から、わざわざそうしたことをしなくても、守護者の力により、私の身体を通して自動的に浄霊が行われるようになったらしい。

長く重荷を背負い続けていた状態が、楽になった。いつかこの背中の流れは止まり、苦しい状態が戻ってくるのでは？　と恐れていたが、不思議と止まることがなかった。

普段はその気の流れが分かりにくいものの、夜布団に横になった時に、一番強く流れるようであった。どちらを向いて寝ていても、常に気は右から左へと規則正しく流れていく。何もしていないのに、自分の身体が勝手に何かを浄化している……それは、非常に不思議な感覚であった。

あれから2年以上経った今現在でも、決して変わることなく、重い気は常に身体の右から左へと流れ続けている。これを執筆している今現在も……である。もう私は、未浄霊の浄化のために、時間と精神的エネルギーを注ぐことなく、まさに新たな守護者の言った通りに、自分の好きなことができる状態になったのである。

この頃からずっと、私の体内には目に見えない不浄なものを浄化するフィルターのようなものが、存在し続けているのである。

11 狐に化かされた話

憑依霊に翻弄されて苦しんでいた時期に、人間の霊だけではなく、同時に複数の狐霊とも関わった。昔から、狐や狸に化かされたというおとぎ話をよく耳にする。しかし、決しておとぎ話の世界だけではなく、狐霊は実在しているのだ。実際に自分自身が関わることで、強くそれを実感できた。

狐霊は人間と同様に、それぞれの性格や性質は、千差万別である。例えば稲荷神社で眷属の役割をこなしている狐霊は、何かしらの修行をして、高い霊格を持っているものと思われる。しかしその反面、稲荷神社を追い出されるなどして人間に恨みを持ち、次第に霊格が下がり、人間に悪さをして楽しむような、霊格の低い狐霊も多い。こうした狐霊は、野狐と呼ばれている。

ここでは、自分から話をするのも馬鹿馬鹿しくなるような、野狐の類である狐霊に化かされた話を紹介したい。

その当時、私の部屋には二千円程度で購入した小さな木製の神棚があり、そこには紙製で薄っぺらな、安価なお札を一枚祀っていた。その神棚は常に清掃で埃をためないようにしていたが、手を合わせるのは毎日ではなく、時々気が向いた時に程度であった。

前述した、強力な侍の男性霊に憑依されて苦しんでいた日々のある夜、その神棚に手を合わせていたら、神棚からはっきりとした声が聞こえたのである。それは、「除霊をするから、居直りなさい」という声だった。その声は、どことなく甲高く、電子音のような響きがあった。

私は「神様がお声をかけてくれた！」と大喜びして、その声に従い、お札の前で両手を合わせて頭を下げ、祈り続けた。すると、自然に自分の頭が何かに押されるように、ゆっくりと下がっていった。神棚の声は、「そのまま手を合わせ続けなさい」と言う。

そして、「あなたの心は、墨のように真っ黒です、ですから浄化します」と言い、私の胸あたりに何かのエネルギーを送り込んできた。神棚から、胸に向かって気のビームが飛んできたような感覚である。すると、何となく気を受けたあたりが気持ち悪くなった。その時、「あれ、神様からいただいた気なのに、何故、気持ちが悪くなるんだろう?」と、一瞬疑問に思った。しかし、その感情をすぐに追い払い、再び神棚に意識を向けた。

頭はまだ、何かに押しつけられたように、かなり下を向いたままである。かなり頭が下がった状態で、足を曲げずに立ったままで手を合わせ続けるのは、苦しくしんどい体勢であった。いつの間にか、まるで頭が床につきそうなほど、頭は下げられていた。夏ということもあり、全身から汗が吹き出してきた。しかし声は、「決して動いてはいけませんよ」などと言う。そのままの体勢で、30分ほどの時間が過ぎていった。喉も渇いてきた。

ようやく神棚の声は、「休んでいいですよ、水も飲んでいいです」と言うので、ホッとして座り込み、近くに置いてあったコップの水を飲んだ。すると、続けてその声は、「すぐに寝てください、霊を抑えていますから、今すぐに！」などと言う。私は慌ててそのまま電気を消し、眠りについた。この一連の声を神様の声であると信じ込み、疑う余地は全くなかった。それだけ、憑依霊から逃れたくて必死だったのである。思わぬ援助者が現れ、これで憑依霊から解放されると思い、幸福感と期待感に包まれていた。

しかし、翌日になっても憑依霊は、それまでと変わらずに憑いていた。神棚の声は、「あなたが変に動いてしまったから、戻ってきてしまったのです」などと言っていて、ガッカリしてしまった。

それから数日後のある夕方、キッチンから部屋に戻ったら、神棚から「居直りなさい」という声がはっきりと聞こえてきた。私は「また神様が現れた！」と喜び、神棚の前に立って、両手を合わせた。

ずっと祈っていると、今度は段々と身体が後ろに倒れていくような感覚になった。神棚の声は、「そのまま後ろに倒れさない」と言う。狭い部屋であり、すぐ後ろにはベッドがあるので、そこに足だけ投げ出した格好で、手を合わせたまま倒れて横になった。

すると、次にその声は、「足を開きなさい」という。え？ と少し戸惑っていると、今度は「股を開きなさい！」と強気で言う。私はその時にロングスカートを履いていたが、仕方なく、少しだけ足を開いてみた。するとその瞬間、何かの強力な気が神棚から飛び出し、素早くその足と足の間を通過して、私の体内に入ってきたのである。私はびっくりして起き上がると、その気はお腹や胸あたりを突き抜けて、ふっと消滅していった。

その瞬間、「狐だ！」と気づき、心の中で叫んだ。すると、それまでざわざわと騒がしかった周囲の気配が、急にシーンと静まり返った。正体がばれてしまった狐達が、瞬時に退散したのであった。

この野狐に騙された馬鹿馬鹿しい体験を通して、目に見えない世界からの声は、そう簡単に信じてはいけないと思った。神棚のお札が紙製でパワーが弱いのも、狐にとっては憑くのに格好の場となったのだろう。私は不快な気分で神棚を処分し、紙製のお札も神社に返すことにした。

12

冷淡な狐霊

果たしてその時に化かされた狐なのか、全く別の狐が現れたのかは分からないが、その後、いつの間にか自分自身に、一匹の狐霊が憑いていることに気がついた。

その狐霊の性格は、冷静かつ冷淡であった。憑依している霊は、憑依者の心をよく読み取る。その狐霊は、私が不安に思っていることを実行しようとした。例えば、買ったばかりの眼鏡を壊されたら嫌だなあと思っていたら、その眼鏡に圧力をかけようとする。また、ずっとパソコンに向かって仕事をしているため、腱鞘炎になったら嫌だなあと思っていると、腕に圧力をかけてくる。それによって実害を受けるまでには至らなかったが、まさに低級霊らしい意識の持ちようと働きであり、私は常にその狐霊に、「何をされるのか分からない」と感じ、内心で怯えていなければならなかった。

私はその狐霊と、時々会話をした。長く「狐の故郷に帰りなさい」というようなことを念じていると、狐霊は私のふくらはぎに、ピシッと痛みを走らせた。こむら返りである。狐霊は人間にこむら返りを起こさせると聞いたことがあるが、それは本当なのであった。そして狐霊はひと言私に、「アホか」と冷静に言い放った。

インターネットで狐霊のことを調べると、「狐霊には愛情がない」ということが書かれていた。私は「狐には、感情はないのですか?」と、内心で怯えながら、心の中で尋ねてみた。すると狐霊は、「ある」と答えた。今にして思えば、感情はあるけれども、愛情はないということなのかもしれない。

狐霊を含めた憑依者は、常に憑依している人間に自己アピールをしてくる訳ではないので、時々狐霊が憑いているのかいなくなっているのか、分からなくなった。「まだいるのだろうか?」と思う度に、その狐霊は私の肩や首元に、自分の尻尾をふわっと乗せて動かし、「いるよ」というアピールをした。

その狐霊からすれば、相手にされて嬉しかったのかもしれない。しかし私は会話をしながらも、常に何をしでかすか分からないその存在に怯えていた。特にこむら返りをこれ以上起こさないよう、日頃からふくらはぎのマッサージや足の運動を心がけていた。

この狐霊に関して、他にも不思議なことがあった。この頃の私は趣味で頻繁にテレビでプロ野球観戦をしていたのだが、9回に入り、応援しているチームがあと一人で勝てる……というような時に、肩にいた狐霊が自分からテレビの画面の中にサッと入っていったことが、2回ほどある。私の肩はスッキリと軽くなったため、狐霊が本当にいなくなったことが分かった。すると、応援している側の調子の良かった投手が、突然連打されたのである。失点を重ね、あと1点で同点になってしまう……という窮地にまで追い込まれてしまった。私は狐霊がテレビの向こうで悪さをしていると感じ、何とかこちらに戻ってきてもらわなくてはと、すっかり慌てた。しかし2回とも、あと1点差というところで何とか抑えられ、余裕で勝てる試合を辛勝で収めることができたのである。勝てる試合を負けさせるほどのパワーは、狐霊にはなかったのかもしれない。しかし、テレビ画面を通してでもあちらの世界にワープできるというのは、驚きであった。

このように野狐は、人間を不快にさせることを喜ぶという性質を持っているのである。

そんな時にふとしたことで、埼玉県にある三峯神社が、取り憑いた狐霊を取り払ってくれる神社であることを知った。それほど遠くはないのと、一刻も早く狐霊から離れたかったため、私は翌日に、すぐに出かけることに決めた。

最寄りの駅からバスに乗って1時間以上山を登り続けて到着する、高い標高にある神社である。その展望台からの景色は、遠くまで山々が連なり、あたり一面山脈だけが広がるという、壮大な景色であった。三峯神社では、オオカミを使いとしている。そのオオカミが、狐を追い払ってくれるというのである。

私は素直に、「狐が憑いているので、取り払ってもらいたい」と伝え、1万円を支払って祈祷を受けた。タイミングが良く他に祈祷者はなく、一人で受けることができた。

祈祷が始まると、私に憑いている狐霊は、「本当に除霊する気なのか！」と、動揺していたようであった。私達は仲良しであるとでも思っていたのだろうか。悪さはするが、それは単なる習性のようなものであり、悪気はないのかもしれない。

祈祷師が祝詞を唱えて、私の背中の近くで白い紙のついたお祓いの棒を振ると、それと同時に狐霊がきれいに取り払われ、いなくなったことが分かった。

祈祷が終わり、取りあえず狐霊がいなくなったことに安堵して、次のバスの時間までに、周囲を歩いて時間をつぶしていた。しかし、すぐに次の者が入ってきては困る、早くここを出なければ……という焦りもあった。

結局、祈祷後のものの10分も経たないうちに、すぐに次の者が身体の中に入ってきたのが分かった。どうやら、また別の狐のようである。多分この神社周辺には、取り払われた狐霊がたくさん飛び回っているのではないかと思われる。狐霊の故郷……といった感じだろうか。

結局ここまで来たのも、あまり意味がなかったのか……と落胆し、仕方なく、そのまま帰途に就いた。帰りの電車は途中で落雷に遭い、雨の中で1時間以上待つことになった。結局電気が復旧しないということで、振替輸送のバスに乗せられ、散々な思いをして、長い時間をかけて帰ってきた。

止まっている電車の中はすいていて、席も新幹線のように広く、目を閉じてずっと音楽を聴いていた。そして携帯サイトで、時々プロ野球の途中経過を確認する。

身体の中にいる存在がどういった者なのかは、まだ分からない。悪いことは考えず、今その瞬間を味わうことに、意識を向けていた。ここまで青くなったり赤くなったりと様々な経験をしてきたが、基本的にはポジティブな性質なのである。

13

無邪気なキツネちゃんのこと

夏の盛りであったため、部屋では冷房を使っていたが、稼働している冷房が、時々ラップ音を鳴らしていた。まだ部屋に狐霊がいるのだと感じて、ラップ音に恐れを感じていた。多分、三峯神社で拾った狐霊だろう。

しかし、次に私に憑いた狐霊は、非常に愛らしい性質を持った狐霊だったのである。私はこの狐霊を、「キツネちゃん」と呼んでいる。約2か月弱の期間を、このキツネちゃんと共に過ごした。

キツネちゃんは、小さな子供のように臆病だった。私の部屋にいくつか飾ってある神社のお札を恐れ、私がお札の近くにいると、私の鼻や口からスッと体内に入り、お腹の中で怯えて丸くなっていた。その時に、キツネちゃんのドキン、ドキンという強い鼓動が、私の鼓動のように体内から感じられた。

こうしたキツネちゃんの臆病な姿を、私の周りにいる守護霊達が、「あらあら」という感じで、微笑ましく見守っていたことを覚えている。そうした周りの反応を通して、「この狐は、可愛らしい性格なのだな」と、私は気がついたのだ。

それでも、狐霊が憑いているという状況から、逃れたいという気持ちは変わらなかった。やはり何かが憑いていると、肩や身体が重く感じるのである。その後も稲荷神社などに参拝して、この狐霊の除霊や浄化を頼んだりもした。しかし、狐霊は人間霊と違い、引き離すことはできても、浄霊はできないようだった。どうやってもこの狐霊を自分から離すことができず、ずっとこのまま、身体が重いままなのか……？　と、何度も暗澹たる気分に陥った。

狐が憑いているせいで、肩が常に重いのには困ったが、何かが憑いていれば、身体が埋まっていることになり、他の何かが取り憑いてくる可能性は低くなる。キツネちゃんの愛すべき性格と、特にいたずらをすることもない悪影響の薄さから、また別の何かが必ず自分に憑くのであれば、ずっとこのキツネちゃんにいてもらっていてもいいかなあ……などと、次第に思うようになっていった。

憑いている間に様々な会話をしたが、キツネちゃんの話し方も、まるで無邪気な子供のようであった。

私がこのキツネちゃんに、恐れの感情が湧いてきたことがある。するとキツネちゃんはそれを読み取ったようで、私にゆっくりとした口調で、「ごめんなさいは?」と言ってきたのである。私が何かで罪悪感を持っている、と思ったのかもしれない。私は、「何でお前に謝らなければならないの? 何も悪いことをしていないし、お前が勝手に私に憑いているんでしょ?」と念を通して言うと、キツネちゃんはその説明に納得したようで、何も言わずに、ニヤついたようにふわふわと浮いているだけだった。

やはり憑依者は、常に自己アピールをしてくる訳ではなく、数日間会話をしない時もあった。そんな時、ふとまだキツネちゃんはいるのかなと疑問に思い、「キツネちゃん、まだいるの?」と心の中で声をかけると、いつもお腹のあたりから、「はーい」という可愛らしい返事がした。私のお腹の中で、安穏としていることが多いようだった。

また、キツネちゃんと何かを話していた夜、つい私はキツネちゃんに向かって強く「ばーか」と言ってしまったことがある。するとキツネちゃんはかなりのショックを受けて、私の頭上でキュルキュルと回って小さくなってしまった。憑いているため、相手の感情がリアルに私にも伝わってくるのである。私はふと伝えてしまった失言にまずいと思い、守護していただいている霊格の高い守護霊に、慌てて「何か言ってあげてください」と頼んだ。すると、その守護霊はキツネちゃんに、「お前は、そういうところがいいのだよ」と、温かい声で伝えてくれた。しかし、キツネちゃんの耳には入っていないようであった。

そのまま眠り、夜中に目が覚めると、キツネちゃんの意識が浮かんでいた。そして、「ばか……ばか……」と動揺しながら何度もつぶやいていた。まだ私の失言へのショックを引きずっていたのである。私は特に言い訳をするようなこともなく、そのまま無視して、再び眠った。

また時には、以前の強力な憑依霊の時と同じように、自分の意識を通してキツネちゃんを浄化力の強い教会の天井へと送り込んだ。教会だけではなく、時には三峯神社の様子を思い浮かべて、三峯神社へ送り返したりもした。そうすると、キツネちゃんはそちらに引き込まれて一時的にはいなくなるのだが、数分後には何事もなかったかのように戻ってきた。きっと、あるルートがあるのだろう。キツネちゃんは、その意識に乗ってのトリップを、楽しんでいるようにも思えた。キツネちゃんに、「お前は面白い」というようなことを言われた記憶がある。

ある日、守護霊から、「このキツネは、あなたの眷属になる」と伝えられた。

ずっと憑かれるのは嫌だったが、どうやっても離れないものは仕方がない。私はキツネちゃんを、少しでも私にとって役立つ眷属にするために、訓練をすることに決めた……といっても、何をすれば良いのか、いい案が思いつかない。まずは手っ取り早く、ミニロトの数字を当てさせることに挑戦してみた。

ミニロトを購入する前に、キツネちゃんに数字を言ってもらう。キツネちゃんは時には言い直しながらも、頑張って数字を考え、素直に言ってくれた。

しかし、残念ながらその結果は散々であった。結果が出て確認し、私はガッカリして「外れたね……」と言うと、特に反省するようでもなく、何を言うでもなく、キツネちゃんはニヤついた感じで、ふわふわと浮かんでいるだけだった。お金が無駄になるので、途中から購入するのをやめ、数字だけを言わせるようにした。それでも当たる数字は、いつも一つ程度だった。私もすぐに飽きてしまい、ミニロトの訓練をするのは数回でやめた。

一緒にいる時間が長くなるにつれ、狐霊は動物が好きだということにも気がついた。キツネちゃんに憑かれている間、不思議と動物が積極的に寄ってきたのである。人間への警戒心があるはずの野良猫が甘えるようにすり寄ってきたり、実家の犬がいつも以上にベッタリしてきたりした。

ある日、キツネちゃんが「動物園へ行きたい」と無邪気に言った。意外なことを言うなあと思い、私は動物園へ連れていくと約束した。都内の動物園の中でも、敷地が広くて自然の多い、多摩動物公園へ行くことに決めた。

ガラガラにすいている、平日の午前中を選んだ。そして動物園へ行っても、やはり動物が普段以上に私の方へ寄ってくる感じがした。放し飼いにしている鳥がトコトコと歩いてきたり、水の中を泳いでいるサイがスーッと寄ってきて、こちらを好意的な目で見つめたりしていたのだ。私は一眼レフを持っていき、写真撮影に専念していた。こまごまと構うのは面倒なので、キツネちゃんのことはほとんど意識せず、動物園内を淡々と歩き回った。

大体一回りして歩き疲れ、そろそろ帰ってもいいかな……と思い出した頃、今まで無視していたキツネちゃんの様子を伺ってみた。私が自分の好きな鳥を中心に巡っていたためか、どうも自分の好きなところへあまり行けず、不満を持っていたらしい。

「お前は自分のことばかり……サイ!」と、キツネちゃんはひと言放った。どうやら、サイが一番気に入ったらしい。しかし、既に出口に近い位置にいて、サイのところへ戻るには、相当歩かなければならない。重いカメラを持ち運んでいた私は既にかなり疲れていて、そこまでの余力はなかった。「ここからサイは、かなり遠いから無理、自分で飛んで行ってきな」と言ったが、その言葉への反応はなかった。

少し休憩した後、再び電車に乗って、動物園を後にした。遠ざかっていく多摩動物公園は、自然豊かな山の中にある。電車から見える山を見て、私は心の中で、キツネちゃんに聞かせるように「お山さん、さようなら」とつぶやくと、キツネちゃんはその山を恋しそうに見て、きゅんきゅんと鳴きながらぴょんぴょんと飛び跳ね、寂しがった。これから帰る自宅は、ほとんど自然がない場所なのだ。

こうして、動物園へ連れていく約束は果たした。それからしばらくして、キツネちゃんに「また動物園に行く?」と尋ねたら、「もういい」という返事が来た。どうやら動物園は、自分がイメージしていたほど面白くなかったようであった。

その後、私は稲荷関係の神社へ通い、このキツネちゃんが霊格を上げ、立派なお狐様になりますようにとお願いするようになった。キツネちゃんもそのことを、意識するようになっていたのだと思う。

印象深く残っているのは、キツネちゃんが、私が寝ている時に周りの霊から私を守るために、私の身体の横をガードするような動きをしながら這い回り、「恩返し、恩返し」と言っていたことである。恩を感じていたのだろうか？　それ以外にも、体内に他の霊が入ってきた時に追い出すようにお願いすると、私のお腹の中でその霊をつつき、外に追い出してくれた。体内から出ていったその霊体は部屋の窓に当たり、ピシッとラップ音がした。しかし、すぐにまた私の口から飛び込み、戻ってきてしまった。それに気づいた臆病なキツネちゃんは、私の体内でビクッとして、小さく縮こまっていた。

一緒に過ごす時間が長くなるにつれて、私はこのキツネちゃんのことが好きになっていた。一度私が「キツネちゃんのこと、好きだよ」と心を込めて言ったが、その時のキツネちゃんは特に心を動かすこともなく、シラッとした雰囲気だった。やっぱり狐霊は感情はあっても、愛情はないのかもしれない。

また、時々ほんの一瞬だけ、むわっとした動物臭を感じた。その時間は、0・1秒もないほどの一瞬であった。やはり、憑いているのは動物霊なのだなあ……と実感した。

キツネちゃんとの交流にも慣れてきたある日、キツネちゃんが「総本山」と言った。インターネットで調べると、全国の稲荷神社の総本山である、京都の伏見稲荷大社のことであると分かった。キツネちゃんが、そこへ行きたいと言っているのだ。そこで修行を重ねるなどして、人間に役立つお狐様になるということなのだろう。

そこへキツネちゃんを置いていくことができれば、お互いに本望である。キツネちゃんのことは好きであっても、やはり憑依されている状態は、決して心地良くはなかった。

私は早速方位の良い日なども調べ、いつ京都へ行くかの検討をした。「総本山」へ行くことを検討していることが分かると、私の体内にいるキツネちゃんは、緊張したようである。ドキン、ドキンと、鼓動が聞こえてきた。京都へ行くその日は、2012年10月9日に決めた。キツネちゃんが憑いたのが8月17日であると想定しているため、それから約1か月と3週間後ということになる。

京都行きを決定してからのある夜、私は布団の中にいて、キツネちゃんはいつものように、私のお腹の中で小さく丸まっていた。私は心を込めてキツネちゃんに、「総本山に行ったらちゃんと修行をして、立派なお狐様になってね、あなたの幸せを心から願っているよ、幸せになりなさい……幸せに」と、何度も伝えていた。キツネちゃんはそれを感動しながら聞いていて、お腹の中で震えていた。

しかしふと、何故か私はつい続けて、「嘘だよ」と伝えてしまった。全く嘘ではなかったのであるが、ついうっかりそういう言葉が出てしまったのである。するとキツネちゃんはビックリして、慌てて私のお腹の中でわたわたとし、お腹からもあもあと這い出てきて、布団の上に浮かんだ。そして空中で、「お前は嘘をつく！」と、怒って言った。嘘じゃなかったんだけど、ごめんごめん……と伝えたかどうかは、今はもう覚えていない。

京都の伏見稲荷大社へ行く日が決まってからは、キツネちゃんはほとんど出て来なくなった。常に、私のお腹の中にいるような状態であった。夜、別の霊が憑いているような気がして、キツネちゃんに除霊を頼んでみても、「もうすぐここからいなくなるんだから、何かしても仕方がない」と、素っ気なく言った。私の眷属になるべく修行をするどころか、私に対して無関心になっているようであった。

10月9日に新幹線で京都へ出かけ、早速伏見稲荷大社へ行き、すぐにご祈祷を受けた。タイミング良く私一人で受けることができたが、その時間は5分程度で呆気なく終わってしまった。まだ肩に重みがあるため、これでは取り祓うことはできないと思った。それから広い境内を、隈なく歩き回った。数多くの鳥居があり荘厳なムードだったが、ほとんど放置されて気が乱れているような、怖さを感じる場所もあった。

夜ホテルに戻り、キツネちゃんはまだいるのか……と恐る恐る確認してみると、まだいるようであったが、誰かと楽しそうに過ごしている感じがした。どうも、お友達ができたらしい……。やっぱり置いていくことはできないのだろうか、と落胆した。

翌朝も再び伏見稲荷大社へ行き、再びご祈祷を受けた。今度は20人以上の、大勢でのご祈祷であった。そして境内をウロウロとしているうちに、身体は軽くなるどころか、どんどん重くなっていく感じがした。何か、物凄い量のエネルギーを背負っている感覚があった。修学旅行生の男子中学生の一人が、離れた場所から驚いたように私を見ていた。多分霊感のある少年で、私が大量のものを背負っているのが見えているのだろうと思った。自分自身でも、自分の背中から天に向かって非常に高い柱のようなものがあることが、イメージできた。そしてそれは、決して質の良いエネルギーではないだろうとも感じた。

帰りの新幹線でも身体が非常に重く、ぐったりとしていた。憑依している者を下ろし、軽くなるために行ったのに、逆にそれまで以上に重くなってしまったのだ。いつまでたっても憑依者から解放されない状態に、暗澹たる気持ちになった。しかし、キツネちゃんがまだ憑いているかどうかを確認するのは避け、全く考えないようにしていた。もしいなくなっていたとしても、考えるだけで、また簡単に呼び寄せてしまう気がするためだ。

伏見稲荷大社でひいたおみくじは、「凶のち大吉」という、非常に珍しいものだった。いずれ大吉になるのはいいが、まだ凶が続くのか……。

翌朝になっても、非常に身体は重かった。ただ、もうキツネちゃんの気配は感じなかった。無事に置いてきたのだろう。そんな中、部屋に飾ったお札の前で、パソコンに向かって仕事をしていた。すると、背中がしゅわしゅわと泡立つような感覚が続き、少しずつ少しずつ、背負ったものが浄化されていることを感じた。全てがなくなり軽くなるということはなかったが、次第に耐え難いほどの重さではなくなってきた。イメージでいえば、高さ3メートル程度のものを背負っていたのが、少しずつ少しずつ低くなり、気がつけば高さ1メートル程度になっていた……という感じである。

予想であるが、今にして思えば、キツネちゃんを引き取ってもらう代わりに、私が伏見稲荷大社の悪い気を持ち帰り、それを自宅で浄化させるという、契約のようなものが交わされていたのではないかと思っている。

キツネちゃんのことを考えると意識がつながり、また帰ってきてしまうのでは……という心配があったので、私はその日からスッパリと、キツネちゃんのことを考えるのはやめた。今現在も、強く考えないように心がけている。あれから既に2年以上が経ったが、今では立派なお狐様になり、人々の役に立っているといいのであるが。

狐霊は、何故人間に悪さをするようになったのだろう。それをインターネットで調べると、昔はたくさんの稲荷神社があり、狐霊達は祀られていたのであるが、次第に稲荷神社が放置されたり壊されたりして、多くの狐霊達の行き場がなくなってしまったらしい。そのため、人間に恨みを持ち、悪さをするようになったのだという。

まだキツネちゃんが憑いている頃、仕事でそうしたコラムを執筆していた。すると、背後でキツネちゃんがそれを読み、じーんと感動していることが分かった。何か、心当たりがあったのだろうか。キツネちゃんが私に憑くまで、どうやって過ごしていたのかという経緯は、未だに不明である。

14
球場の女神様の話

キツネちゃんを伏見稲荷大社へと送り、それからしばらくしてから新たな守護者が現れ、私の背中の気が流れ出した……という流れであった。その後は未浄霊や狐霊という、いわゆる低級霊と会話をする機会は、全くといっていいほどなくなった。そして次第に、神様や守護霊との会話が増えていった。強制的な修行が、ひと段落ついたのだろう。

ある日、守護霊様から「あなたはもう、憑依されませんよ」と言っていただいた。背中の気が流れ出した時点で、もし未浄霊が接近してきても、その未浄霊は自然と私の身体の右から左へと流されて、自動的に浄化されてしまうのである。憑依されるという恐怖がなくなったのは、今でも有難いことであると感じる。しかしその分、私の背中では常に緩く、時には急激に大量の気が流れ続けていて、体調がスッキリ軽いという日は、ほとんどない状態となっている。

私は2011年から、あるプロ野球球団を真剣に応援している。その球団や球場に関する様々な情報を日々得ているうちに、どうもその球団のホームの球場には、神様的存在がいるのではないかと思えるようになってきた。その球場は屋根のない、屋外の球場である。神様的な存在がいるのであれば、風や雨などの天候を味方につけることができる。過去の経験から、天候は神の意志により、ある程度は変更できるということを実感している。

その球場にそうした存在がいると思った理由は、球場のオープン時や劇的なサヨナラ勝ちの後などの節目に、球場に虹が現れたという話を数回聞いたためである。それ以外にも、対戦チームの方が滑稽なエラーが多いなど、ホームチームに有利と思われる出来事が頻繁に生じたことも、理由として挙げられる。例えば、ホームチームの打撃の回だけ、打球が遠くに飛ぶように風が吹くということもあった。特に優勝し、日本一になった年は、その傾向が顕著であった。

試合前や試合中に、私は球場に神様がいることを想定して、今日も勝たせてくださいと、真剣に祈っていた。それを繰り返しているうちに、次第にその神様は薄らと姿を現し、それは女神様であるということが分かってきた。目を閉じ、両手を合わせて願っていると、常に女神様は横向きの姿で現れた。時には何対何になるとか、好きな選手の打席の結果がどうであるかなどを、数字で示してくれたりもした。大体はその通りであったが、時には外れたため、そうした数字は完全に信用できるものではなかった。

はじめの頃は、いつも女神様の横顔や数字が浮かぶばかりで、直接的に言葉を交わすことはなかった。しかし、２０１２年７月に私が強力な男性霊に憑依された頃から、次第に女神様の声が聞こえるようになったのである。

それからの長い期間、球場の女神様と、様々な会話を交わした。女神様は、自分のことをお話になるのが好きであった。今の段階で会話を通して大体分かっていることは、女神様は人間として生まれたことがない本当の神様であること、純粋無垢な性格であること、球場ができる前からその土地に存在し、特に球団や球場を守るために存在していた訳ではなかったこと、などである。また、プロ野球の各球団同士との協定のようなものにより、ある程度の勝ち負けは事前に決められており、球場を守る役割を持ちながらも、勝敗を勝手に左右することはできないようであった。そして、この球場だけではなく、他の各球場を含めた様々な場所に、こうした勝敗などを調整する存在がいるのだという。

特に優勝した年の試合観戦中には、よく「今日は負けます、そういうことになっています」と教えていただき、その日は本当に負けた。しかし、私の試合観戦の楽しみを奪わないようにするために、試合に勝つことはあまり教えてくれなかった。はじめは負けていても、「これから起こることを、しっかりと見ていなさい」などと伝えられ、言われた通りに見ていると、思わぬ逆転勝ちをして深い感動を味わう……というシーンが何度かあった。

女神様を含めた神様は、皆非常に親切である。少しでもダメージを受けないように、負けることは事前に教えてくださることが多い。しかし、勝つ感動を増やすために、勝つことは簡単には教えてくれないのである。このように、球場の女神様と関わりつつ、大変豊かな試合観戦の時間を過ごさせていただいた。

応援しているチームが初優勝し、日本シリーズに出場した。先に4勝を上げた方が日本一になるのであるが、チームの3勝2敗で迎えた第6戦、今期一度も負けていないエースが先発であった。誰もがこの試合で勝ち、日本一を確定させるだろうと思っていた。しかし、結果は思わぬ負けを喫して3勝3敗となり、相手チームに逆王手をかけられることになった。

翌日の試合に負ければ、悲願の初の日本一は消えてしまう。多くのファンが失意を感じていたその夜、私は布団の中で泣きながら、女神様に訴えた。「せっかく優勝をしても、日本一を逃してしまえば、全て無駄になってしまう、ファン達が皆、悲しんでしまいます」と。その夜は、女神様はいつもよりも強く浮かんでいた。そしてひと言だけ、「分かっています」と告げ、それ以上は語らなかった。

それはどういう意味なのだろう、勝たせてくれるのだろうか……と思いながら、切羽詰まった気持ちで、翌日の試合を迎えた。

結果は、見事に勝ちを収め、感動の日本一を手にすることができたのだった。昨日の「分かっていますす」は、このことだったのだ。最高の日本一にするための、布石だったのだろうか。私はこの球場とチームが素晴らしい女神様に守られていることに、深く感謝した。

15

教会のマリア様の話

強力な男性霊に憑依されている時、何とか霊を離したいという気持ちから、近くにある教会の聖堂に時々通うようになっていた。キリスト教の信者ではなくても、時間内の聖堂は、出入り自由である。聖堂の中に入ってみると、そこで祈っている人は誰もいないことが多く、いたとしても、一人か2人程度だった。晴れた日は、周りを囲んでいるステンドグラスの窓から赤や青の美しい光が差し込み、シンと静まり返っていて非常に居心地が良く、いつも一人で両手を組み、瞑想をするかのように、長い時間座り込んでいた。

この聖堂には、正面向かって左側にマリア像があり、右側にヨセフ像があった。そして天井は高くて円形であり、高すぎるために窓からの光が当たらず薄暗い。前述したように、この屋根の浄化力は、非常に強力だった。座って天井に意識を向けているだけで、自分の全身から、様々な気がどんどん天井に向かって吸収されていく感覚があるのである。しかし、一度天井に吸い込まれた憑依霊は、しばらくすると自分のところに帰ってきてしまうというのは、難点であった。

自分の部屋に帰って、その教会の聖堂の様子を思い出してみる。脳の中でその聖堂のことを思い出し、脳の左側に意識を集中すると、その聖堂との気がつながり、回路ができる。そして、この天井を思い浮かべると、背中に憑いているものが、その回路へとグーッと引き込まれて入り込んでいく。そして、私の背中がすっきりと軽くなるのである。

しかし、許可もなく勝手に聖堂に憑依霊を送り込む訳にもいかない。私は聖堂を思い浮かべる前に、その聖堂にいる存在を呼び出し、ご挨拶をした。そうすると、まず浮かんでくるのが、マリア様であった。マリア様といっても日本語を理解できることもあり、きっと各教会にそれぞれ、マリア様の分身のような方々が存在しているのだろう。

マリア様の次にいつも浮かぶのは、黒縁の眼鏡をかけた、神父のような男性だった。どうやらこの聖堂には、見えない世界の存在として、このお二方が存在し、この聖堂を守護されているようであった。

私はこのお二方を呼び出しては、いつも「私に憑いているものを浄化してください、お願いします」と頼む。するとマリア様が、「いいですよ」などと、好意的なお返事をくださる。特にキツネちゃんが憑いていた時には、頻繁に呼び出して送り込んでいたため、呼び出して声をかけるたびに、「またですか?」などと、呆れた様子で言われたこともある。それでもマリア様は決して拒否することなく、いつでも仕方なく、送り込んだ憑依霊や狐を受け入れてくれた。

ある日、また聖堂へ寄って、ゆっくりと聖堂内をうかがってみた。正面を向いて左側にマリア像、右側にヨセフ像があるが、何故かマリア像の方にだけ、常に生き生きとした花が置かれ、華やかに飾られ、祀られている。しかし、ヨセフ像の方には全く何も飾られておらず、常に閑散としている。ちょっと不公平なのでは……と思うが、霊視の際にマリア様しか浮かばなかったことから、ヨセフ像の中には何も存在しておらず、教会関係者や信者達も、何となくそれを察知しているのかもしれない。

ふと、いつもはあまりよく見ていなかったヨセフ像の上を見ると、神父のような男性の絵が飾られていることに気がついた。それを見て、あれ……と思った。黒縁の眼鏡をかけており、いつも霊視の際に、マリア様と一緒に浮かんでくる男性にそっくりだったのである。ああ、あの男性もここに存在していたのか……と、浮かんでいた人物と絵が一致して、納得した。自分が見ているものは、単なる自分の想像の産物や気のせいではないのだな、と改めて実感できたのであった。

元旦になり、私は新年の挨拶がてら、また聖堂へ寄ってみた。すると、いつもは閑散としている聖堂には、元旦ということで多くの信者が集まり、それぞれ席に座って、静かに祈りを捧げていた。

　私は前に歩み出て、マリア像の前に立ち、両手を組んで祈ろうとした。するとマリア像から、はっきりと「ひざまづきなさい」という声が聞こえたのである。私はいつも立ったまま祈っていたのであるが、「えっ、座るのか……」と思い、その声に従って、座って祈った。そして立ち上がり、席に着いた。

　その後もポツポツと聖堂に信者が入ってきて、マリア像へと進んでいった。その時に初めて知ったのであるが、誰もがマリア像の前へ進むと、ひざまづいて祈っていたのである。「あっ、ひざまづいて祈るのが、常識だったのか！」と驚いた。どうやら今まで、神社のように立ったまま祈るという、大変失礼な祈り方をしていたらしい。いつもはマリア様も何も言わなかったのだが、この日は聖堂内に多くの信者がいたため、マリア様は私が恥をかかないようにと、ひざまづいて祈ることを教えてくださったのだ。

　このように、マリア様は本当に愛情豊かな優しい方であった。私はキリスト教の信者でもないのに、頻繁にマリア様や聖堂が持つパワーに頼ってしまったことを非常に恥ずかしく思い、落ち込んだ気持ちで出て、聖堂を後にした。聖堂を出た時、マリア様が落ち込んでいる私を気に留め、愛情を込めて私に微笑んでくださっている姿が、目の前に浮かんだ。その優しさを有難く思いつつも、ますます申し訳ない気持ちになった。

それから後は、恥ずかしさのあまり、聖堂へ行くことはなくなった。教会の前を通り過ぎる時は、マリア様に気づかれないようにと、急いで通り過ぎるようにしていた。

そのまま引越してしまったために、その教会は、今はすっかり遠くなってしまった。しかし、またいつかはあの頃のお礼とご挨拶に、マリア様と黒縁眼鏡の神父様に、会いに伺いたいと思う。

16

近くにあった小さな神社

こうした一連の霊的修行を受けていた時期に、私が一人暮らしをしていた自宅周辺には、ほとんど自然がなかった。しかし歩いて10分程度のところに、唯一小さな山があり、人間の手つかずの豊かな自然を残し、いつでも野鳥がさえずっていた。春には桜や菜の花、夏にはつんざくような蝉の大合唱、秋には木の実や美しい紅葉と、いつ行ってもその季節特有の彩りを見せ、その度に感激するような、自然が凝縮された山であった。

その山の頂上には、小さな神社がある。大変小さな祠であったが、常に周辺は清掃され、地域の人達に丁重に祀られている神様であった。

私は色々な神社へ行くが、そこに祀られている神様と、よく会話を交わす。そして、神様が存在していない神社も、その気配から、何となく分かる。特にこの小さな山の上の神社の神様とは、行く度に様々なお話をさせていただいた。

ある時は、強風で祠の扉の片方が、開いていたことがあった。開いたままで祈っても良いのかためらい、心の中で神様に、「扉を閉めましょうか?」と尋ねた。すると、「そのままでいいです」という返事をいただいたのである。また別の日に、私は自分の部屋でさなぎになるのを待っていた芋虫が、死んでしまっていることに気がついた。それを埋葬するには自然の中が一番と思い、死骸を神社のある山へと持っていった。そして神様に「この虫を、この山に埋葬させてください」とお願いした。今になって思えば、大変失礼なお願いだったように思う。神様は決して拒否はされなかったが、やはり虫の死骸は好ましいものではなかったらしい。「(祠の)裏の方に置きなさい、見えないように隠しなさいよ!」ということを、強い口調で伝えてきたのである。私は言われたように、その虫の死骸を、祠の裏の隅の枯れ葉が積まれている場所に、そっと隠した。それで土と化すのだろうと思ったが、また数日後に行ってみた際、そこにあった枯れ葉は掃除をされ、虫と共にどこかへ移動されたようであった。

この頃の私は次々と憑依されていたり、体内を通して悪いエネルギーを浄化していたりと、常に体内に重い気を抱えている状態であった。ここの神様はそのことをご存じであり、いつも手を合わせて祈る度に、その祠からパワーが出て、私の胸あたりから体内に注入された。すると、私の体内からどんどん悪いエネルギーが出ていき、体内が浄化されていくことがよく分かった。このように、私はお願い事をするためにこの神社へ行くのではなく、ご挨拶と浄化をしていただくことが目的であった。

すっかりこの神社の常連となっていたある日のこと、買い物の帰りに、ふとこの神社へ寄ろうと思いついた。次第に日は暮れようとしていた。また、この頃は自分の守護霊とも頻繁に会話を交わしている時期であった。

神社に参拝し、いつものように手を合わせると、祠の神様が「周りを見なさい」と私に伝えてきた。そっと目を開けて周りを見ると、丁度西に夕陽が沈み、小さな山に高くそびえ立つ木々達が黄金色に染まり、鮮やかに輝いていた。黄金色に輝く夕陽がまぶしく、目に入ってきた。私は祠の前から離れて夕陽が見える方向へ歩いていき、「きれい」とつぶやいた。自然と涙がこみ上げてきた。

後で守護霊が話してくれた内容によると、この神社の神様は、丁度美しく輝く時間に到着するように、私を呼び寄せてくれたということであった。

またある時、この神社の参拝後に祠の周りを歩いていると、神様が「座ってみなさい」と言われた。言われた通りにしゃがんでみると、ふと花の良い香りが鼻に入ってきた。下を見ると、白いクロッカスのような花がいくつか咲いていた。丁度その花の香りが漂う位置に、座ることができたのだ。こうしてこの神社の神様は、小さな山の中で精一杯に、私へ心からのおもてなしをしてくれたのであった。

他にも、「周りの人達に出し惜しみすることなく、自分の能力を使いなさい」とか「明るく爽やかに振る舞いなさい」など、その時に応じた助言を、しばしば与えてくれた。

しかし、一点腑に落ちないのは、ここの神様も私の悪い気を身体を通して浄化するという役割について、全面的に肯定していることであった。前述した、夕陽を見せてくれた時には、「苦労したでしょうが……これからあなたは私達と一緒に活動するのです、個人的な幸せから、あなたが望むものは得られません」と伝えてきたのである。夕陽がきれいであったと同時に、この言葉に反発して、私は泣いたのだ。

このことは後述するが、私は以前から守護霊に、残り3年程度の寿命であるということを何度も何度も言われている。それに対して長く反発し続けているのであるが、この神社の神様も、私の寿命が短いということを肯定しているのである。それを知って私は、この神社の神様と守護霊がグルになり、私を騙しているのではないか……などと疑念を持ってしまうこともあった。そのため、しばらく参拝しない期間があった。しかし結局、自宅周辺の美しい自然はここだけということで、心身の癒しを求めて、また時々参拝するようになった。

都内で一人暮らしをしていた3年間は、霊的な修行の期間であったが、その間にこの神社の神様にも、精神的に支えていただいた。引越しが決まって、最後の参拝に出かけた時に、この神社の神様は、「あなたはもうここには住まないだろうが、またここへ来るだろう」と言われた。もしまた近くへ行く際には、この神社へ立ち寄り、ご挨拶をしたいと思う。

17 愛宕神社での出来事

頻繁に通う神社に、東京都港区愛宕にある「愛宕神社」がある。愛宕神社は大きな石段である「出世階段」があることでも有名であり、主に商売繁盛のご利益がある。その頃、カリスマ的な人気を博していた浜崎あゆみさんが、この神社に花などを奉納していると週刊誌で知り、ミーハーな気分で参拝に出かけたことが、愛宕神社との出会いであった。この頃はまだ、憑依現象は起こっていない時期であった。

初回は友人と行って、軽い気持ちで参拝した。その帰りに鳥居を撮影しようと、デジカメを向けた。その時、直接陽光が当たったかのように、デジカメの液晶画面が真っ白になり、何も見えなくなったのである。「あれ?」と思いながらも、取りあえず何も見えないまま、シャッターを押した。

後でその写真を見ると、普通に鳥居は写っていた。しかし、一か所だけが普通の写真と違っていた。鳥居の丁度中央の上のところに、光る小さな顔が写っていたのである。その顔の横には、もう一つの小さな顔もあるように思われた。それは、この神社の神様のお顔であると直感した。

光というのは、霊格の高い存在の象徴である。液晶が見えなくなるくらいに光輝いたのだから、神様が現れたのに違いない。霊能力のある人にその写真を確認してもらうと、やはりこの神社の神様が二柱、私への顔見せとして、出てきているということだった。

それを知った私は、「愛宕神社の神様が、私を気に入って出てきてくださったのだ」と思い、いたく感激した。また近いうちに、愛宕神社へ参拝しようと心に決めたのである。こうして初回の参拝から強烈なインパクトを受け、私にとって愛宕神社は、一番といっていいほど大切な神社となったのである。


「神様に気に入られた」という私の勝手な思い込みは、高揚感と共に、次の参拝に対する緊張感を高めた。しかし、ドキドキして緊張しながら2回目に参拝した時は、境内のあちこちで写真を撮っても何も写ることなく、特に何事もなく終わり、何となくガッカリして帰ってきた。それでも、まだ期待感は完全には消えていなかった。

そして、3回目の参拝の時。境内にある池に何気なく携帯カメラを向けたその瞬間、携帯の液晶画面が、また真っ白になったのである。池の様子は何も変わっていないが、液晶だけが光を受けているかのように、白く光っていた。「来た、来た！」と思い、慌ててシャッターを切った。

慌てすぎたため、レンズの前にぶら下がっている携帯ストラップをどけることもできなかった。その写真には、前回のような神様のお顔は写っていなかったが、池の中のたくさんの鯉が、白く輝いて写っていた。

デジカメも携帯カメラも、撮影時に液晶が真っ白になって見えなくなったのは、後にも先にも、この愛宕神社の境内だけである。

愛宕神社にて、白く光った池の鯉の写真

愛宕神社は、都内の小さな山の上にある、狭い敷地内の神社である。しかし、ここには確実に、複数の神様が存在している。その後も、数か月に一度は参拝し続けているが、毎回のように何かしらのメッセージをいただくのである。
例えば、最近の話では、私が日々色々な目に見えない存在の声を聞いていて混乱していた時期に、「雑言に振り回されてはいけない」というメッセージをいただいた。また、ここの神様が私の部屋を霊視してくださり、「あなたの部屋は悪い気が詰まっているから、すぐに引越しなさい」というようなメッセージをいただいたこともある。ただしこの時は、すぐに別の神様の声で、「いや、今引越したら大変なことになる」という言葉も続き、「どっちなんだ……」と迷ったことを覚えている。

　また、毎回出世階段をのぼるのがしんどいことと、裏道の方が清々しさを感じるということもあり、参拝時は階段を避け、裏道を回って参拝することが多かった。それでも咎められることなく、神様は常に快く迎えてくださっていた。しかし最近参拝した後に、「階段の方がパワーが強いので、今度はそちらをのぼってください。女坂(出世階段の脇にある緩い階段)でいいです」というメッセージをいただいた。そのため、今後は頑張って階段をのぼることに決めた。

　また、特にお願い事がない時も参拝していたのだが、愛宕神社の神様にとっては、はっきりとした具体的なお願い事をしてもらうことが、比較的重要であるらしい。神様の方から、「お願い事は?」と尋ねられたこともある。


　参拝を終えると、いつも境内に設置してあるベンチに座って、静かに心を神様に向ける。すると、私の体内を大量の気が流れ、浄化されていくのが分かる。その時に神様に質問を投げかけると、神様がそれに答えてくださる……ということが多々ある。この神社の神様は、非常に親切で友好的な神様だという印象がある。特に仕事に関するお願い事は、積極的に支援してくださるようだ。私にとっての仕事は、人生の中で一番重要なテーマである。そのために、初回からこれだけ良くしてくださるのだろうか。

この神社とのお付き合いも、既に10年近くにはなるだろう。時々、献金をさせていただいている。最近、愛宕神社の社殿は屋根銅板葺き替え工事が完了したが、その時も献金させていただいた。そのため、表から確認することはできないが、銅板の裏には私の名前が刻まれているはずである。その後に、私の守護霊達が入れ替わったシーンがあったのだが、現在守護していただいている存在者の中に、愛宕神社の神様も含まれているように思う。入れ替わる直前に、愛宕神社のイメージが強く浮かんだためである。

「明日は、愛宕神社へ行こう」とふと思いつくと、即座に「いらっしゃい、お待ちしています」などというメッセージが届く。そして、「気軽な格好でいらしてください」や「午前中がお勧めです」などのアドバイスも、同時にいただく。

カメラの液晶が真っ白になった場面は、一眼レフで社殿の神社名を撮影している時にも生じたことがあり、今のところ全部で3回、神様のお光を撮影することができた。

このように、足しげく通いつつ時間をかけて、愛宕神社の神様との関係を築き続けているのである。

屋根が白く輝き写った写真。
同時に撮影した他の写真はこのように白くなっていない。

18

残り3年の命と言われていること

かなり前に、守護霊は私の寿命は残り十数年であると伝えていたため、私はずっとそれを信じていた。決して長い寿命ではないが、長生きしたいとは思わないし、丁度いいかもしれない……などと思っていた。

そんな2013年のある晩、守護霊が私に突然、「あなたの寿命は、残り3年程度です」と伝えたのである。私はショックを受けて泣いたが、それを受け入れなければならないと思った。すると守護霊がその心情を汲み取り、「あなたは立派ですよ」と言った。今までの修行の経緯により、私の体内には常に大量の気が流れているのであるが、それが主な原因であるということのようだ。

残り3年……十数年あればもっと自分を磨き、社会に貢献することができると思っていたが、たった3年間では、ゆっくりと自分を磨き続ける時間的な余裕はないといっていいだろう。私は以前から漠然と、地球温暖化防止のために何かをしたいと思っていたが、たった3年の命では、そうした長期的な取り組みを考えることは難しくなる。すっかり未来への希望を失った気分に陥り、毎晩布団の中で、寿命の短さを考えては、しくしくと泣いて過ごしていた。「あと3年しか生きられない」という考えは、常に頭の中について回った。特に、夜寝る時に横になると、一気に身体の右から左へと大量の気が流れるのが分かるのだが、その度に「こんな身体の状態では、やはり長くは生きられない」という思いが強まり、日々悲嘆を濃くしていった。

ある占い師が集まる飲み会に参加した時に、私は守護霊から短い寿命を告げられているというその話を、数人にしてみた。職業柄、誰もがそうした目に見えない存在からのメッセージを、当たり前のように受け止める人達である。その時に、霊的能力の高い一人の男性占い師が、「結婚すれば、寿命は変わる」と言ったのである。

その後しばらく、その言葉がずっと引っかかっていた。そして守護霊に、そのことを伝えてみた。すると、「その通りで、結婚をして愛のある生活を送ることにより、身体の気の流れがずっと緩やかになる、そのために寿命が長くなる」と伝えてきたのである。

それを聞いて、私は「じゃあ、結婚する」と告げた。しかし、守護霊達にとってはあまり喜ばしくないことのようであった。守護霊は、「それは個人の自由ですから、咎めることはありません。しかし私達は、また別の人材を探さなければなりません」と伝えてきたのである。

私のような身体に気を流すことにより、ネガティブな気を浄化ができる人間は、非常に貴重な存在であるということであった。そして、この頃私を守っている存在は、私自身を守るというより、私に気を流して地球上の空気を浄化することの方が、どうやら重要な任務であるようであった。私は常に、そのことに不満を感じていた。「これだけ身体を使って物凄くいいことをしているはずなのに、いいことがちっともないではないか」「どうせ、私のことなどどうでもいいのでしょう」と、頻繁に怒りや不満をぶつけていたのである。

この頃の私は離婚後に一人暮らしを始めて、3年弱が経過していた。しかし、元夫とは定期的に会い続けていて、変わらず私との復縁を求め続けてくれていた。そして私自身も離れて一人で暮らすことにより、相手のことが大切であり、かけがえのない存在であることを、強く実感していたのである。

また、その時に住んでいる部屋に関しても、不満があった。私の身体を通過して浄化させるために、その部屋には様々なネガティブな気が集まってきているようなのだ。実際に外にいるより部屋にいる時の方が、常に身体は重かった。身体の中に多くの気体が詰まっているような感覚で、その詰まった気体が体内で揺れ動くため、特に料理や掃除などの細かい作業が困難であった。しかし、果たして引越しをして住居を替えれば、そうした状況は解消するのかどうかは、実際にやってみなければ分からなかった。

身体の重さと共に、一人暮らしの孤独感も募り、日に日に元夫と再入籍して引越しをすることへの決意が固まっていった。一度決心してしまえば、実際に動くまでに、それほど時間はかからなかった。

再入籍と引越しの日程も定めて決意した瞬間、私の身体の流れを管理し守っている守護霊達の、ふっと笑うような切なげな感情を感じ取った。引越すことで、自分達の役割である気の流れの管理ができなくなる……という感じであった。私はそのことに、全く関わり合うつもりはなかった。一刻も早く楽になりたいという気持ちが強かったのである。

かくして、２０１４年8月20日に再入籍し、２日後の22日には、約３年間住んでいたその地を離れ、千葉へと引越しをした。

身体の気の流れはどうなったのかというと……その晩、ベッドに身体を横たえてみたら、今までと同じように体内の右から左へと、気が流れ出したのである。結局、入籍しても引越しをしても、何も変わらなかった。引越し先はまだお札などもなかったため、キッチン周辺に怖さを感じるなど、未浄化で未防衛の状態であった。そのためか、ベッド脇にあるガラス窓から大量に入ってくる気が、非常に怖く感じられた。その窓から入ってくる気が私の身体の右側から入り、左側へと抜けていくのである。「結局、引越しても何も変わっていない……」とガッカリした。翌日には神社へ行ってお札を買い求め、部屋に飾り、部屋の気を浄化した。そうすることで、キッチン辺りにあった怖い気が消滅し、窓から入ってくる気にも恐怖を感じなくなった。

これを執筆しているのは、２０１５年3月である。引越しをしてからしばらくの間は、守護霊から「寿命が数十年伸びましたよ」などと伝えられて誤魔化されていたが、最近になって再び、「寿命は残り３年」と伝えられるようになった。大体3年ということで、果たして何年の何月何日までなのかは、漠然としか教えてもらっていない。時には、「あと5～6年になりました」などと言われるなど、常に曖昧な表示である。しかし、今までの話を合わせると、２０１７年9月頃、という可能性が高い。つまり、あれから月日が経った分、残り2年半となっているのだ。先日も守護霊に、「生き急いでください」「私達は、あなたが来るのを待っています」となど伝えられた。まだまだやりたいことや、執筆したいことは、たくさんあるのだが……。これから年月が過ぎて年齢を重ね、無事に老年期を迎え、この話が笑い話になっているといいなと願ってしまうのである。

19

守護霊からいただいたメッセージ

霊感が発達し出した頃から、守護霊との会話は毎日のように、頻繁に交わしてきた。そして私自身の心理状況や霊的な状況が変わる度に、会話をする守護霊も代わってきたように感じる。

強力な霊に初めて憑依された2012年頃は、まだ私自身に強い霊的なパワーは備わっておらず、憑依霊に振り回されるような日々を送っていた。その頃は、パワーストーンを山のように身につけたり、部屋に数多くのお札を飾ったりして、物によって身を守ることに必死であった。しかし2015年3月の今は、その頃よりもパワーは強まり、ある程度のネガティブな気を跳ね返すことができているようだ。

次々と憑依された後に、私の体内に自動的にネガティブな気が通って浄化できる状況になった頃から、守護霊とはますます多くの会話を交わすようになった。しかし今の守護霊は、決して私自身を守ったり高めたりすることに重点を置いている訳ではなく、何よりも重要なのは、私の身体を通して地球の気を浄化することであるらしい。それを成功させるためには、どうも私が健康であることが必要であるようだ。そのため、守護霊は私の健康維持に関しては、特に熱心に助言をしてくる場合が多かった。しかしそうした状況を通し、私の霊格を高めようとしていることも、うかがえる。私はどうやら、占いではなくスピリチュアルの方向へ向かうことを義務づけられているように、最近は感じている。

神社仏閣や教会に存在する神様、前述した球場の女神様は、人間として生まれたことのない、一度も肉体を持ったことのない、純粋なスピリチュアルな存在である。しかし、人間を守っている守護霊は、遠い過去に肉体を持っていた人間であったと思われる。そうした存在が霊的な修行の一環として、人間を守護しているのである。その人間の霊格が高まるごとに、守護霊の霊格も向上する。そして時には入れ替わるなどして、更に力の強い守護霊が守りにつくようになるのだろう。

あまりにもたくさんの会話をしたため、その内容の全てを思い出すのは困難である。そうした中でも、印象や記憶に残っている会話を、当時書いていた日記も参考にして、ピックアップしてみたい。

・守護霊が、私の質問に何でも答えます、と伝えてきたことがあった。私は自分のことをいくつか尋ねた後、世間をにぎわせていることについて、いくつか尋ねてみた。

その頃は、理研の小保方女史が発見したというSTAP細胞に、疑惑の声が出始めていた頃であった。小保方女史が記者会見で、「STAP細胞はあります」と言って、涙を流した直後である。守護霊に、「STAP細胞は存在するのか」と尋ねてみた。すると、「今も研究が進められていますが、未だに発見できていません。今後も見つからないでしょう」という返答をいただいた。実際にその後も、STAP細胞は発見されることはなかった。

同時に、「近いうちに、南海トラフ地震は起こるか」と尋ねてみた。すると、「これから20年程度は、発生しません」という返答をいただいた。ただし油断してはいけない問題だと思うので、これは参考程度にして欲しいと思う。

次に、「北朝鮮の拉致被害者の横田めぐみさんは生きているか」と尋ねてみた。すると、「生きていますが、今は（精神状態が不安定などで）出て来られる状態ではありません。これから数年間で、真実が分かるでしょう」と教えていただいた。

・２０１３年1月23日に、守護霊が私に「あなたは近いうちに、神様のメッセージを伝えるようになる」と伝えてきた。私はこの出来事を覚えていないのだが、日記に記録してあった。この頃の私は霊的なことに振り回され、体調も常に重い状態であり、精神的にも余裕がなかった。そのため、この言葉を「胡散臭い」と感じたようであった。

・2013年1月29日に、「もっと向上心を持ち、人と会って自分を磨くと良い」と告げられた。

・2013年3月23日に、全身が映る鏡を通して、自分の頭からたくさんの気が煙のように勢い良く昇っているのを見せられた。そして「あなたは苦行を超えて、こうしているのです、もっと誇りを持ってください」と言われた。

・2013年7月11日は非常に暑い日で、セキセイは暑さに強いと思い、窓を全開で扇風機を回し、冷房をつけずに外出した。午後に帰ってきたら室温は34度になっていて、セキセイ達はかなり暑そうにしていた。すぐに冷房を入れた。その時守護霊は、「彼女達（セキセイは3羽全部雌）は、頑張っていました。32度が限界の温度です」と教えてくれた。セキセイは暑い室内で、かなり辛い思いをしていたのだ。その後にインターネットで調べたら、やはりセキセイは32度程度の高温が上限であると書かれていたので、反省した。また、この日の帰りは、いつもつかまる信号が全て青でタイミングが良く、苦しんでいるセキセイ達のために早く帰るようにと、調整されていたのだと気づいた。

・2013年2月にインフルエンザにかかった時に、病院でタミフルをもらった。タミフルは強力な薬であるため、一度飲んだ後に一定の時間をあけてから次を飲む必要がある。しかし守護霊は、初回に飲んでから数時間もしないうちに、「すぐに、次のタミフルを飲んでください」という。強力な薬のため、おっかなびっくりしながら間隔を詰めて飲んだ。すると驚くほど早く熱が下がり、症状が楽になったのである。

・応援しているプロ野球のチームが、首位になったばかりの時だった。2013年7月14日の入浴中に、「このまま1位で優勝するから安心しなさい」と教えていただき、実際にそのままずっと1位をキープして一度も落ちることなく、その年は優勝した。

・2013年8月2日に、身体が重くて横になっていた時、「これからもっと、多くの魂を救わなければなりません」と言われた。

・2013年9月2日、夜横になるといつものように、右から左へと大量の気が流れていくのが分かる。守護霊は「身体を通過しているのは魂ではなく、主に亡くなった方の悲しみや怒りで、それを浄化することにより、明るい世の中になる」と伝えてきた。
・2013年9月に、ずっと強い生理痛があり、出血も続いた。生理が続いているのだと思っていたが、守護霊は「生理ではないかもしれません、病院へ行かなければ治りません」と言うので、病院へ行って検査を受けた。すると子宮に腫瘍があることが分かり、しばらくしてから子宮がん検査を受けることになった。
守護霊が言うには、私の子宮の中に、たくさんの男性霊が逃げ込んでくるのだという。その後に、はっきりとした生理が来た。守護霊が言うには、生理が来ることで子宮の状態が良くなるということだった。

子宮がんの検査前に、守護霊は「腫瘍は良性で、手術する可能性は低い」と言った。検査は非常に痛いもので、私は貧血を起こした後激しい生理痛のような腹痛が襲い、その後に車椅子でベッドに運ばれ、30分ほど横になった。バッグの中にあった鎮痛剤を飲み、じっと痛みに耐えていた。その時に守護霊は、ずっとついていてくれて、「しばらくすれば、その生理痛のような痛みは治まります。その後に、検査で少し切った違う痛みが出てきます」と言った。実際に、生理痛のような痛みは治まっていったが、その後の切ったような痛みは、確かにあるような気はしたものの、それほど気にはならなかった。そして守護霊は、「がんは見つからないでしょう」と言った。

実際に、2週間後に出た検査結果では、腫瘍は良性であって、がんではなかった。手術の必要はないということで、安心した。

この時のように、守護霊は特に私の健康維持に関して、非常に細かく気を配ってくれるのである。「体調を治すためには、明るく楽しいことを考えてください」とも言われた。

・2013年9月9日に、守護霊に「私は東京オリンピックがある2020年に、まだ生きているのか」と尋ねたら、「生きていません、あなたは私達と一緒に世界をきれいにするのです」というようなことを告げられた。

また、「自分の好きなことをして、楽しんでください」とも言われた。「気分を高めるため、部屋着はカラフルなものにしましょう」と言うので、ネットで可愛い部屋着を数着購入した。それまでは、適当なTシャツやトレーナー、セーターなどが部屋着であった。

・2014年1月15日の夜、横になったら、「物事を丸く収めることにこだわらず、突出した方が良い」「人間の最大の幸福は、好きな人と一緒にいること」「あと3年7か月を切った、3年7か月後の秋に心臓発作で苦しまずに死ぬ」などと、次々と告げられた。

・２０１４年４月11日に、守護霊は「この世界は全て、まとまって動いている」と言い、その後に「こうした言葉を記録することは、役に立つ」と言われた。毎日日記をつけているが、それからは守護霊の言葉も、意識的に書き留めるようにしている。実際にこうして過去の日記を読み直して、書籍用に書き起こしていることで、役に立っているといえるのだろう。

・２０１４年５月29日に、「我々はあなたを監視する義務がある、今までそのためにあなたの行動を制御してきた、引越しをしなさい、自由に笑顔で過ごしなさい」ということを言われた。私は離婚して再婚するまで約３年間を都内の狭い部屋で過ごしたが、「その３年間は役立たなかったとしても、あなたにとって強く記憶に残る期間になる」とも言った。それでも引越し後も、辛いことはたくさんあるということだった。

都内の狭い部屋での３年間は、孤独な状況に加えて霊的な修行が続く、今にして振り返れば過酷な状況であった。それを思い出し、私はたくさん泣いた。

・守護霊の言葉ではなく、愛宕神社での出来事である。２０１４年６月24日に参拝を終えて、階段ではなく裏道から歩いて下りていたら、「孤独で苦しむことはもうありません、前を向いて歩きなさい」というメッセージが聞こえてきた。

・これも守護霊の言葉ではなく、千葉神社に置いてある石に触れているときの出来事である。「あなたのそのパワーは無尽蔵ではないが、多くの困っている人のために使いなさい」と聞こえてきた。

・２０１４年７月10日に、漠然とではあるが、受講している通信大学を辞めたい気がすることを伝えたら、「好きにしなさい、何でも手に入れようとするのは難しい」という返答が来た。

・２０１４年12月５日に、守護霊に自分の前世について尋ねてみると、「ピューリタン」「宣教師」「１６３２年」「イギリス、ブリテン」という言葉が浮かんだ。その当時の前世の私は写本をしていて、勝手なことを書くなどして処刑され、その時に腹の下あたりを刺された。すぐに死なずに、しばらく苦しんだ……というような前世だったらしい。歴史に疎い私は「ピューリタン」が何かを覚えていなかったので、インターネットで調べてみた。すると、ピューリタンは本当に、16～17世紀のイギリスに存在していたらしい。キリスト教の中でも異端だったようだ。

自分の前世は、霊能者に尋ねたり、自分で過去に遡って視たりしたことで、「何かを執筆していたヨーロッパの若い男性」であったことは分かっていた。乱れた国を美しくしたいがために、勝手なことを書いたようだ。その頃から、社会を良くしたいという正義感が強かったのだ。また、前世の私は今の私と性格が似ていて、思い立ったら即行動を起こすタイプだったという。

・2015年2月22日に、自分から守護霊に話しかけた。「何事にも、やる気が出ない」と伝えると、「そういう日もあります」と返事が来た。そして、自分の体内に右から左へと気が流れて浄化していることで、自分が何もしなくても生きていいと思えることに感謝をしたら、「誇りを持ってください」と伝えてきた。そして、「日頃から幸福感を感じていれば、更に良いことが起こる」とも伝えられた。

・2015年3月に、スピリチュアル系のブログで「祓詞《はらへことば》」が掲載されていて、それを唱えると気が浄化されるというので、何回か唱えていた。すると守護霊が、「それではなく、大祓……の方」「高天原……」と伝えてきた。そのため、インターネットで「大祓」と入れて検索したら、「大祓詞《おおはらひのことば》」が出てきた。そして、本当に「高天原」で始まっていたので、守護霊が言っていたのは、これで間違いないと思った。

棒読みでたどたどしくても、声に出して読んでみると、守護霊が非常に喜んでいるのが分かる。読み方は下手でも、うっとりと聞いているのである。そして終わると拍手をされ、「もう一回」などという。

この詞は何度唱えても良く、唱えれば唱えるほど、気が浄化されるのだという。時々短い「祓詞」も読み上げるが、守護霊はそちらには関心がなく、しらけたムードで聞いている。

・2015年3月4日の朝、部屋の掃除をした後、アロマを焚こうかお香を焚こうか迷っていたら、「浄化した後に、香りを焚くと良い」というので、まずは浄化のための、ホワイトセージを焚き、その後にアロマを焚いた。

自分の記憶にあることや、日記に書き留めていることを、書き並べてみた。まだまだこれからも、守護霊からのメッセージをいただき続けることだろう。

20

地球の浄化のこと

右から左へと、私の身体に何かしらの不思議な気が通るようになってから、2年以上が過ぎた。この気の流れは、基本的に一日も止まることなく流れ続けているが、特に夜布団の中に横たわり、目を閉じた瞬間に流れていく気の量は凄まじい。時には息ができなくなるのではないか……と不安を感じるほどである。特に大きな気が一気に流れる時には、部屋の中でラップ音がしたり、守護霊様が事前に「大量の気が流れます、決して苦痛を感じることはありません……肩の力を抜いてください」などという、忠告を与えてくれたりする。そして実際に、その直後に私の全身が不思議な気で波打つような感覚が訪れ、大量の気がゆっくりと、右から入って左から出ていくのである。その時にはいつも恐怖を感じながらも、守護霊の力を信頼して、目を閉じてジッとしているしかないのだ。

はじめのうちに、私はこの気は未浄化霊を浄化し、冥界へと送っているのだと思っていた。そのため、自分は素晴らしく良い働きをしていると思っていたのである。しかし、ある日守護霊が、

「霊魂を浄化しているのではなく、世界中を覆い尽くしている人間が排出したネガティブな感情……怒りや悲しみ、苦しみなどの気を、体内に右側から取り入れ、体内にあるフィルターのようなものを通して浄化し、身体の左側から排出して、見えない世界のある場所に捨て、消滅させている」……ということを言ってきた。それを聞いて、私は「霊魂を救っているのではなく、そんな無駄なことをしていたのか……」と、ガッカリしたものである。

「この世界には、人間が出したネガティブな感情が渦巻いている……」という守護霊の台詞を、今まで何度も何度も繰り返し聞いた。そして、霊感の強い人が書いた本に、全く同じようなことが書いてあるのを発見し、「あの台詞は、本当だったのか」と腑に落ちたのである。その本には、「特に都会では、人間が出したネガティブな感情が渦巻いていて、それがまた人間の体内に入り、人間の体調や精神状態を悪化させている」というような内容が書かれていた。そのためその執筆者は、外出を極力控えているという。

また、知人の占い師からは、「お坊さんから、全く同じような話を聞いた」と教えていただいた。やはり実際に、この世界はネガティブな感情で満たされているのである。そして守護霊が言うには、それを浄化していかなければ、いずれ地球は住めない世界になる……ということであった。

今の私の守護霊達は、私の身体を通して、世界の気を浄化する役割を担っているという。そして、私のように体内に気を浄化するシステムを持っている人間は、極めて稀で貴重であるということである。しかし、世界には私のように身体を使って気を浄化している人間は、数千人規模？で存在するという。それでも、自分自身が気を浄化していることを知っている人物は、数人しかいないということであった。「あなたの働きは、かなりのものですよ」と言われたこともある。しかし、たった一人でどれだけの気を浄化できるというのだろう。自分のこの役割が本当に役に立っている、という実感を得たことは、まだ一度もない。

私の体内を通過する気は、これから次第に増えていき、流れが強まっていくと、時々守護霊に言われている。実際に横になった時に流れる気の量は、徐々に増えているような気がしないでもない。

先日、私は一人で近くの海を見に行った。平日の午前中ということもあり、海の人影はまばらである。私は座って強い海風が吹く中、ジッと陽光で輝く海を眺めていた。

「これだけは、言っておきたいことがあります」と、守護霊は声をかけてきた。「あなたはこの海風のように、体内で気を浄化できるという、貴重な存在です。しかし、次第に気を浄化する力は弱まり、衰えていきます。そうした時に、あなたに死が訪れます。しかし、苦しんで死なないようにします」。

もう何度も何度も、「あなたは約3年後に死にます」と言われてきた。私は時々、もっと長く生きたいと懇願した。この時の段階で、残りの人生2年半ということになっている。その後に、この守護霊達の手伝いをすることになるというのだ。「待っています」と言われたこともある。守護霊は続けた。

「あなたの残りの人生が、2年半ということはありません。あと5~6年は生きることができます。その間、自分の好きなことをして、笑顔で楽しく過ごしてください」

嘘か本当かは分からないが、いつの間にか数年間寿命を延ばしてくれていたのだろうか。しかし、やはりそれでも、長く生きる訳ではないようだった。

あと数年の命……もしそれが本当だとしたら、私はどんな生き方を選ぶだろう。まず、私は前世の自分と同様に、執筆することが一つの大きな役割だと思っている。そのため、多くの本を残したいという願望があり、本当に出版していいのかどうかの迷いを抱えつつも、こうしてこの神秘体験を、細々と書き連ねている。そして、あと数年間の命というのであれば、貯蓄を残して死んでいったとしても、仕方がないだろう。すると、今後いかに有意義にお金を使っていくか……ということも、大切なテーマとなるように思う。

ただし、何度も何度も言われているにも関わらず、本当に自分の残りの人生が短いとは、未だに完全には信じがたい。もし調子に乗ってお金を使い果し、その後に死ぬことなく、長生きをするとしたら……と思うと、お金を多く使うことに、二の足を踏んでしまう。

守護霊は、このまま地球に悪い気が溜まり続けていけば、人間はもう地球に住むことができず、滅亡してしまうと言っている。私は体内でそうした気を浄化するという、非常に尊い役割を担っているというのである。

それを考えれば、何もせずにただボーッと過ごしているだけでも、私は地球に対して立派な役割を果たしているのであるから、もっと自信を持って生きていっていいのかもしれない。これも守護霊から、何度も何度も言われている。「自分の霊的な状況に、誇りを持ってください」と。そして、私の身体を使って気を流している守護霊達は、その作業に強い誇りと希望を持っていることが分かるのである。

こうした状況にたどり着くまでの経緯を、ここまで執筆してきた。今晩も横になれば、きっとまたたくさんの気が体内を通過するだろう。果たして数年後の私は、どうなっているのだろうか。それは現段階では、神のみぞ知る状態である。

あとがき

　出版するあてもなく、自分自身のスピリチュアル体験を、細々と書き連ねてきた。執筆し続けながらも、「本当に、こんな内容を出版していいのだろうか？」という迷いを捨て切れずにいた。占い師という職業柄、決してスピリチュアルな世界は無関係ではないのであるが、やはり突っ込みすぎると、「怪しい人だと思われるのではないか」という不安が生じることは、否めなかったのである。

　占いは、スピリチュアルの中でも俗世界に近い位置に存在し、昔から誰でも気軽に楽しめるという点で、意外と世間には浸透しやすい。いわゆるエンターテイメント系に属している分野である。占い師の中でも、「スピリチュアル系は、怪しい」などと言う人も存在するほど、霊的な世界とは一線を画している。

　私自身は、スピリチュアル系、つまり霊的な世界は勿論全面的に肯定しているが、常に離れた位置から傍観している側の人間であると、長いこと思っていた。今現在も、そうした感覚が身に染みついている。そのために、例え全てが真実であったとしても、スピリチュアル系の本を出版することへの違和感は、未だに拭え切れないでいる。

そうした中で、私の守護霊からは、「これらは真実です、いつか世に出すことになるでしょう」と告げられ、背中を押されつつ全てを書き上げ、順調に出版する運びへとなった。

現在の私は、「人生は、残り少ないかもしれない」と思いながら生きている。そう思って生きることは、決してマイナスではない。一日の重みが違ってくるし、つまらないことに時間を費やしたくないと感じ、本当に大事なことに時間を割くようになる。また、ネガティブな感情を抱え続けていることも損であると感じ、気持ちを早く切り替えることもできるようになる。

誰もが、明日はどうなるのか分からない中で生きている。生きている時間は決して無限ではなく、一年後もまだ生きているという保障など、どこにもないのだ。

真の幸福は、自分を精一杯生き切った上に生じるものであり、決して華美な生活や安楽な生活を送ることではないと思っている。そして充実感を味わいながら、幸福なエネルギーを地球上に放出することにより、それがまた人々の体内へと入り込み、多くの人達を幸福な気持ちにさせることにつながっていく。そしてまた、そうした人達が幸福のエネルギーを放出し、地球の波動が次第に明るく軽いものへと変化していくのである。

幸福感に近い波動には、愛・感謝・感動が存在する。普段から少しでもそうした感情を意識して、自分自身の波動を上げていって欲しい。そして怒りや不満、悲しみや苦しみで埋め尽くされ、汚染されて限界にきている地球の波動を、少しでも明るく軽いものへと、変えていって欲しいと願う。

冒頭にも書いたが、この本の内容全てが、自分自身に実際に起きた出来事である。非常に個人的な内容であると同時に、全ての人々が無意識のうちに関わっている、見えない世界の真実が込められている。この本を通して、少しでも見えない世界に思いを馳せていただけたら、幸いである。

今回も編集でお世話になった高木利幸さん他、説話社の方々、デザイナーの染谷千秋さん、素敵なイラストで華を添えてくださった渡辺夏子さん、そして何よりもこの本を手にしていただいた貴方に、感謝の意を表明したい。

最後までお読みいただきまして、本当に有難うございました。心より感謝致します。

２０１５年３月31日　藤森　緑

参照サイト

愛宕神社　http://www.atago-jinja.com/

三峯神社　http://www.mitsuminejinja.or.jp/

著者紹介

藤森　緑（ふじもり・みどり）

幼少の頃から占いに並々ならぬ関心を持ち、1992年からプロの占い師として活動を開始。使用占術はタロットカード、ルーン、西洋占星術、四柱推命、九星気学など幅広い。多くのリピーターを抱え、鑑定人数は述べ１万５千人を超える。2005年頃から霊感が発達し、次第に見えない世界の存在と、会話ができるようになる。現在、地球の負のエネルギーを浄化する役割を担っている。著書は『ザ・タロット』『悩み解決のヒントが得られるルーン占い』（共に説話社）他14冊以上。

占い師・藤森緑の部屋
http://www.d3.dion.ne.jp/~fujimido/

占《うらな》い師《し》が語《かた》る
本当《ほんとう》にあった20のスピリチュアル体験《たいけん》

発行日　2015年7月10日　初版発行

著　者　藤森　緑
発行者　酒井文人
発行所　株式会社説話社
〒169-8077 東京都新宿区西早稲田1-1-6
電話／03-3204-8288（販売）03-3204-5185（編集）
振替口座／00160-8-69378
URL http://www.setsuwasha.com/

写真（植物・風景）藤森　緑
イラスト　夏じるし
デザイン　染谷千秋
編集担当　高木利幸

印刷・製本　株式会社平河工業社

ISBN 978-4-906828-14-2 C 0011